D1560843

Nota de la editorial
Una cantidad impresionante de grandes artistas internacionalmente reconocidos están presentes en las siguientes páginas a
través de las obras de arte que dan vida y viven en las casas decoradas por Sofía Aspe a lo largo de su carrera. Al final del libro se
encuentra una lista completa de obras y créditos (páginas 444-445).

INTERIOR AFFAIRS

SOFÍA ASPE Y EL ARTE DEL DISEÑO

RIZZOLI
NEW YORK

New York · Paris · London · Milan

CONTENIDO

PARA ALBERTO Y ALEJANDRA,
CON EL DESEO DE QUE ENCUENTREN GOZO EN SU OFICIO

A TODAS LAS MUJERES,
PORQUE JUNTAS CREAMOS EL MUNDO

I
INICIACIÓN

| El salón de la casa de mis abuelos Virginia y Pedro Aspe. *San Ángel, Ciudad de México, 2020* |

1

2

7

6

3

5

4

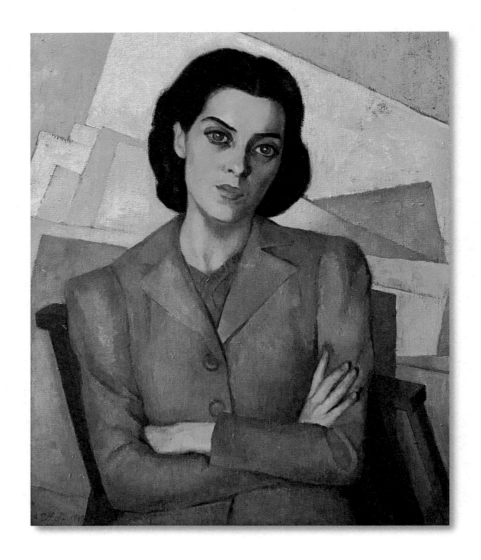

| Retrato de mi abuela Sofía Verea Corcuera. *Angelina Beloff, 1943* |

1. Mi abuela Virginia Armella Masa en la entrada de su casa. 2. La casa del siglo XVIII de mis abuelos Aspe en San Ángel, donde suceden todas las reuniones familiares. 3. Rancho Escolástica en Querétaro, parte fundamental en la vida de la familia Aspe Armella. 4. Con mi abuelo Pedro Aspe Sais y mi abuelo, el arqueólogo Ignacio Bernal García Pimentel. 5. La Casa del Arcángel de mis abuelos Bernal en Oaxaca, donde pasamos todas las vacaciones de la niñez. 6. Graduación de mi papá del doctorado en Economía en MIT, Boston, lugar donde nací. 7. Con mi mamá, mi apoyo incondicional.

Crecí en espacios marcados por la armonía: la casa de mis abuelos maternos en Oaxaca y la de mis padres en la Ciudad de México. Jugar a la casita con mi colección de muebles miniatura fue mi pasatiempo favorito.

La maduración de esa mezcla es la raíz de mi oficio.

UN
VIAJE
INTERIOR

SOFÍA ASPE

El interiorismo es un oficio que va a caballo entre la arquitectura y la decoración. Rebelde por naturaleza, no se conforma con los límites espaciales que marca el plano arquitectónico ni con el acomodo de mobiliario establecido. El interiorismo tira muros, abre ventanas, diseña objetos, fabrica muebles, descubre ángulos y materiales con un propósito: equilibrar la funcionalidad, el disfrute y la estética.

Mi propuesta de diseño gira en torno a dos conceptos: el *homo ludens*, la persona que juega y disfruta, y el *homo aestheticus*, la persona que percibe la belleza. La función es mediar entre ambiente e individuo como un camino hacia sí mismo: sus posibilidades de goce, el trato que establece con sus cercanos, y la relación con el mundo desde un espacio marcado por su propia poética surgida de la historia personal con sus preferencias y pasiones, la calidad, el confort, el arte, el paisajismo y la innovación. Estoy convencida de que los lugares donde permanecemos más tiempo, en una fuerza de contrarios, deben resguardarnos y expandirnos; hablar de nosotros al mismo tiempo que permitir el silencio y el diálogo con el exterior. En mi quehacer busco que los clientes hagan una pausa en sus actividades y se dejen influir por el ambiente en el que viven para recrearse y enriquecer su cotidianeidad.

En este segundo libro puedo tener una mirada retrospectiva de mi labor y observar cómo hemos evolucionado como personas y como estudio, gracias al crecimiento, aprendizaje y cambio. Continuamos nuestra expansión y logramos movernos de proyectos exclusivamente en México al cruzar fronteras con propuestas en Estados Unidos, España e Israel. Al mismo tiempo creció el número de trabajos comerciales y corporativos lo cual nos permitió crear ciudad: espacios para que la comunidad pueda conectar y generar arraigo. Mi obra también va dirigida al *homo socialis*, la persona que vive en sociedad.

El encierro en 2020 por Covid-19 arrojó luz sobre la
relevancia de mi oficio. Las casas se convirtieron en gimnasio,
templo, salón de clase, oficina, pero sobre todo en guaridas que
nos cobijaron frente a la adversidad. Recordamos la necesidad
de que nuestros hogares eleven el espíritu, generen felicidad y
nos recuerden quiénes somos.

En mi apuesta, cuido de establecer guiños que marquen
la identidad del lugar para hacer referencia al contexto y a la
cultura de donde emergen las obras, para alejarme de hacer
escenografías portátiles sin arraigo. Incursioné en crear
mobiliario, telas y tapetes con diseños propios, con lo que
poco a poco se va formando una línea de productos que puede
moverse de manera independiente. Reconozco que mantengo
mi signatura personal cerrándole la puerta al purismo, busco
la diversidad al mezclar tiempos, estilos, acabados y color.
Persevero en una búsqueda obsesiva por salir de mi zona de
confort y de lo conocido, por seguir mi propia brújula que va
más allá de las tendencias y modas. En esa rebeldía, mi trabajo
celebra la vida a través de los espacios interiores como una
forma de enaltecer el alma donde las emociones y la belleza son
la experiencia principal.

CALEIDOSCOPIO DE ESTILOS

CRISTINA MOROZZI

Los interiores de Sofía son como un caleidoscopio de tonos, emociones, sensaciones, culturas e intriga.

Su estilo no se puede codificar como tal, ya que los mezcla todos con sabiduría y facilidad, combinando lo *vintage* con lo moderno, el *art déco* con el pop, siempre impregnándolos con arte, dejándose llevar por su propio instinto, que hace que sus interiores siempre sean únicos, a pesar de toda la diversidad. En lugar de seguir las tendencias, sigue sus inclinaciones. Se podría decir que su forma de expresión es el arte de crear una mezcla feliz y casi predestinada, en la que lo extraño se funde con lo cotidiano, lo étnico con las piezas de diseño, lo contemporáneo con lo clásico, en un conjunto sin precedentes y audaz pero siempre armonioso. Su repertorio incluye un rico abanico de materiales, que van desde varios tipos de madera hasta el bambú, desde el mármol hasta el mosaico, desde terciopelos hasta damascos, desde franjas de blanco hasta tonos marcados, desde conjuntos de colores sólidos hasta ráfagas geométricas y remolinos florales.

Enmarcados en el entorno de sus proyectos, los muebles y objetos parecen adquirir el don del habla para expresar sus propias cualidades estéticas y funcionales. Sus voces hacen eco de "las palabras tenues, hechas de tela", descritas en *Toda la vida*, de Alberto Savinio (*Tutta la vita*, 1945), palabras que el protagonista del libro parece oír cuando permanece sentado y solo en la oscuridad de su sala de estar. En este caso, esas "voces de tela" hablan de la pasión de Sofía por el diseño de diversas épocas y orígenes, de su familiaridad con la producción de muebles industriales, artesanales y artísticos, y de su conocimiento de las piezas icónicas en la historia del diseño contemporáneo.

La cultura y la curiosidad han hecho que Sofía anhele la belleza, un tipo especial de belleza que nace y se nutre de su México natal, donde la naturaleza es densa y corpórea, de colores saturados y tradiciones siempre vivas. En la Ciudad de México hay calles arboladas con casas pintadas de rosa, de rojo ladrillo, de azul celeste y azul cerúleo, como la Casa Azul de Frida Kahlo, que personifica el alma mexicana, un alma radiante y al mismo tiempo crepuscular que emerge a través de las obras de la artista y su elección de vestirse y adornarse de acuerdo con las tradiciones de su tierra natal.

Las creaciones de Sofía son la encarnación de este arte, de este amor por la belleza y la tradición, que heredó directamente de su familia. Uno de sus abuelos era arqueólogo, su abuela pintora, y por si fuera poco, su otra abuela fue una historiadora del arte que a la edad de noventa y cuatro años escribió un libro sobre el Barroco en México. Sofía viene de una familia de grandes académicos que le ha transmitido una profunda pasión por la cultura. De hecho, desde que era una niña, Sofía siempre ha vivido en casas bellísimas, de gusto refinado y gran armonía. En lugar de una formación artística, estudió finanzas en la Ciudad de México, y más tarde obtuvo una licenciatura en Artes Culinarias en Chicago. Ávida de cultura y siguiendo sus instintos, Sofía asistió a un curso sobre el arte de la combinación de colores, y luego uno sobre el diseño *vintage*. Sus primeros pasos en la decoración de interiores se dieron por la solicitud casual del propietario de un restaurante, quien le pidió ideas para amueblar el establecimiento. En ese momento se dio cuenta de que el interiorismo podía convertirse en una profesión, en una oportunidad para explotar su asombroso sentido del espacio, su intuición para los colores, la iluminación, la atmósfera, y desplegar su aptitud natural para entender la personalidad detrás de cada comisión. "Mis proyectos", dice Sofía, "tienen que conectar con el cliente, con su personalidad y predilecciones, con su estilo de vida. Cada proyecto debe transmitir alegría. No son un ejercicio de mi propio estilo". Su enfoque ecléctico está arraigado en el don de escuchar. Los interiores de Sofía son básicamente proyectos únicos adaptados directamente al cliente, y son irrepetibles. Para reunir ideas e inspiración, recorre ferias, exposiciones y galerías de arte, y absorbe nuevas perspectivas dondequiera que vaya. Pero a Sofía también le fascina la naturaleza: los jardines, las terrazas, los árboles y las flores inspiran su paleta de colores. En la mayoría de los casos puede leer a su cliente como un libro abierto, sin necesidad de muchas preguntas: escanea su alma. Ella vincula el diseño de interiores a un proceso mediante el cual los elementos clave se van uniendo paso a paso. El resultado es una intrigante congregación de muebles y objetos dispares, una mezcla de lo antiguo y lo moderno hábilmente orquestada en un mosaico creativo de afecto puro, gracias a su excepcional capacidad para crear diálogo entre todos los diferentes elementos.

Como sugirió el crítico de arte del siglo XIX John Ruskin, uno de los fundadores del movimiento de Artes y Oficios en Inglaterra, las dos cualidades esenciales para el diseño de interiores son la de proporcionar refugio, y la de expresar lo que es importante en la vida y lo que debe recordarse. Efectivamente, los interiores creados por Sofía se expresan con claridad, y son memorables por la gran variedad de ideas y de colores, así como por la elección original de muebles y accesorios; hablan de su profundo conocimiento de la historia y las piezas icónicas del diseño y el arte.

Desplazarse por las imágenes de sus numerosas creaciones es como consultar un directorio visual del vasto y variado mundo del mobiliario. Increíblemente, hay un toque de literalmente todo: producción industrial internacional de alta gama, artesanía local, ejemplos clásicos de diseño moderno, creaciones de vanguardia, artefactos artísticos y étnicos. Dicho esto, los proyectos de Sofía, lejos de ser una "historia de los estilos", o un catálogo de tendencias, son la narración de un espíritu que se desarrolla de forma natural como las estaciones del año, o una historia de emociones estéticas en evolución y sin complejos. En su trabajo se puede sentir la sólida preparación y la capacidad adquiridas, pero sobre todo se observa una sed de conocimiento nunca satisfecha, y su sorprendente habilidad de observación. "Observar es un acto fundamental", señaló Henri Cartier-Bresson. Un acto equivalente a tomar conciencia—que no debe confundirse con simplemente ver—, episódico, fugaz, y a menudo intuitivo. Por lo tanto, es mejor no hablar de estilo en este caso, sino de lenguaje, como señaló John Berger: "un lenguaje que habla con objetos, muebles, vidrio, telas, capaz de expresar una experiencia espiritual, pero siempre dentro de un escenario concreto, circunscrito en una cierta materialidad estática, a través de lo tangible" (*Modos de ver*, 1972). El diseño general de cada interior muestra el enfoque artístico con el que Sofía aborda su trabajo, evidente en la presencia habitual de pinturas y esculturas. Como afirma James Hillman, tales detalles revelan lo "extraordinario en lo cotidiano". Cuando Sofía amuebla sus espacios con productos industriales está expresando su originalidad, y no necesita muebles y objetos hechos a medida. Pero, como cualquier artista figurativa, emplea los colores de su paleta para componer obras maestras. Posee un asombroso sentido del espacio, un espacio que reescribe para ampliar su capacidad narrativa. Sus interiores se pueden comparar a las imágenes de una película que capta nuestra atención de inmediato.

CASA ELEFANTE

VALLE DE BRAVO, ESTADO DE MÉXICO **MÉXICO**

Arquitecto: Fernando de Haro

Fotografía: Héctor Velasco

DIÁLOGO ENTRE ADENTRO Y AFUERA

Valle de Bravo es un municipio en el Estado de México. El famoso lago que da vida al lugar se fundó hace setenta años al inundar 2,900 hectáreas dedicadas a la agricultura para crear un sistema hidroeléctrico. Tanto el clima, la belleza natural y la riqueza cultural, lo hacen valer como uno de los lugares con mayor encanto del país.

Este proyecto ya existía y mi cliente nos contrató para darle nuevos aires a los distintos espacios públicos así como para la creación de dos nuevas suites para sus invitados. La característica principal de la casa es que dialoga con el exterior con enormes vistas al azul y al verde. Mi propuesta fue que también platicara hacia sí misma llevando nuestro diseño a todas las áreas, incluido el gimnasio, para de ahí retomar al exterior.

Modificamos la paleta de colores oscuros que estaba antes por tonalidades en blanco, azul y rojo, mezclando mobiliario italiano con diseños de mi estudio y con algunas piezas icónicas.

En el *family* introdujimos un muro de espejo ahumado para que el lago abrazara a todos los invitados de manera directa o reflejada, y colocamos parte de los cuadros de la colección de arte contemporáneo de mi cliente. Para la sala en la terraza creamos nuevos muros de piedra y una chimenea expuesta donde poder relajarse y apreciar las esculturas en el jardín de artistas como Pedro Reyes, Stephan Balkenhol e Yvonne Domenge entre otros. Finalmente en las suites utilizamos una paleta más clara, con acentos de color y lujosos baños de mármol.

Esta afortunada combinación permite continuar la charla con el mundo de adentro y de afuera.

CASA ELEFANTE

CASA ELEFANTE

EL INDEPENDIENTE

AUSTIN, TEXAS **USA**

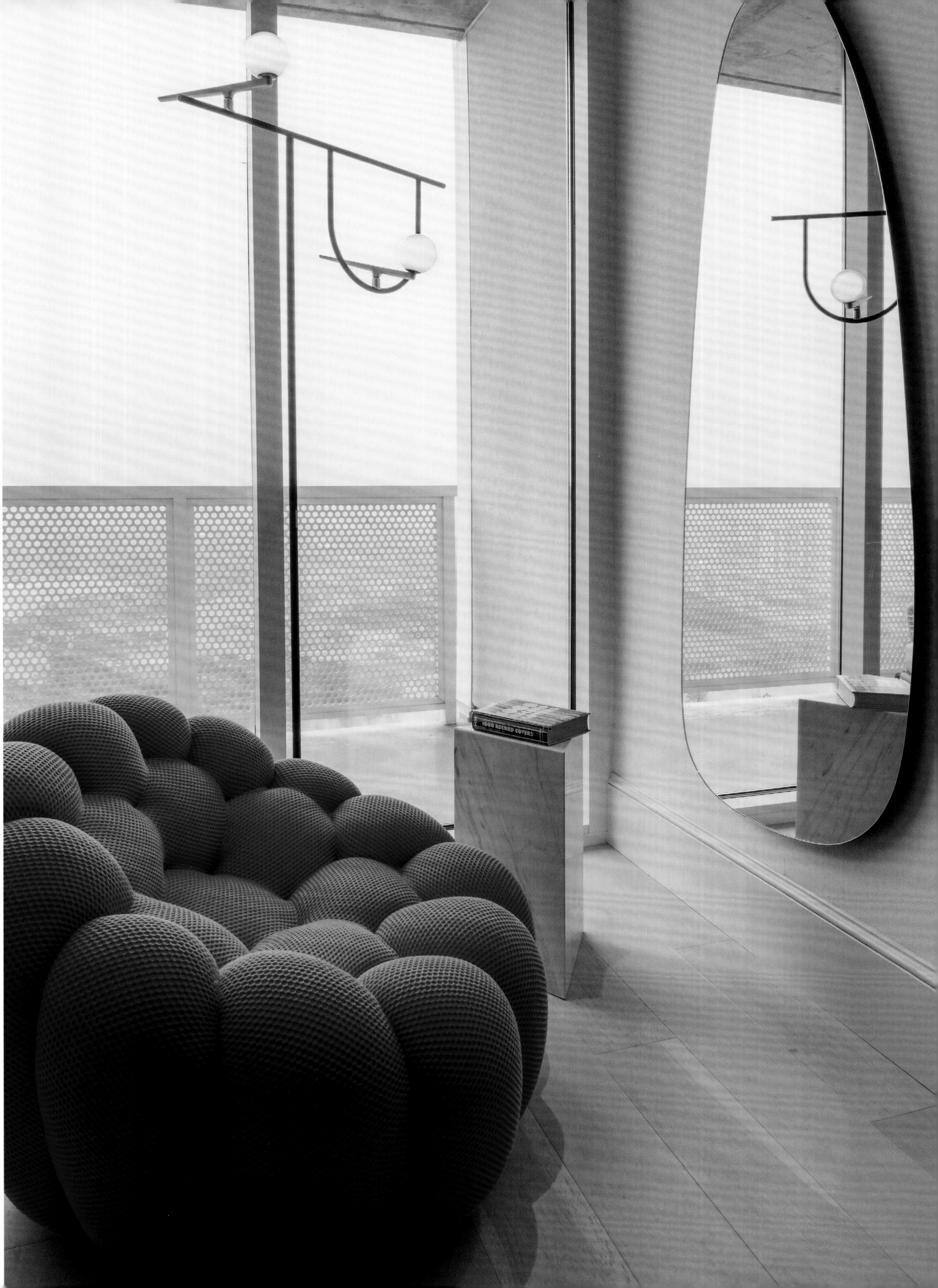
1000 RECORD COVERS

EL ARTE COMO EPICENTRO

Austin es una ciudad llena de vida donde prevalece un escenario musical que alegra la noche y los festivales de jazz, rock y country que celebra; sus áreas al aire libre permiten que siempre haya excursionistas, ciclistas, nadadores y navegantes en alguno de sus parques y lagos.

En el centro de la capital de Texas donde se combinan actividades corporativas, de negocio y vivienda, se alza el edificio donde vive este departamento cuyo epicentro es un cuadro.

Hay muchos puntos de partida para iniciar un proyecto: una vista dominante, los gustos del cliente, las necesidades de una familia. En este caso fue el trabajo del pintor alemán Jonathan Meese, el óleo de gran formato en la sala, lo que articuló la estética de la casa. En mi lógica, el arte manda sobre el interiorismo y la propuesta de decoración debe fluir en torno a la pieza artística y nunca al revés.

Un muro de espejo en la sala comedor amplió notablemente el interior e introdujo las vistas al río y a la casa de ópera. Objetos y muebles conviven armónicamente: un sillón giratorio diseño de Vladimir Kagan, el ajedrez de cobre y plata de Jorge Yázpik, un escultural candil en el comedor y credenzas originales *mid-century*; todo funciona en una conjunción de diálogo y contraste.

Fotografía: José Margaleff

CASA LA SIRENA

CHICXULUB, YUCATÁN **MÉXICO**

VIAJE EN EL TIEMPO

En el pueblo de Chicxulub, en Yucatán, cayó el meteorito que extinguió a los dinosaurios. Ahí mismo perdura la milenaria cultura maya en la lengua de sus hablantes y en sus construcciones.

Antes de hacer una propuesta de trabajo, escucho el ambiente como si me hablara en el sonido de una caracola. Quiero devolver a ese lugar la riqueza que aporta combinada con mi visión del espacio y la vigencia de mi tiempo.

La casa es obra de mi primo hermano, el arquitecto Carlos Artigas, quien se inspiró en la arquitectura maya armonizada con la de las Bahamas. Ahí está la tradicional palapa en la playa, los *shutters* caribeños, y el patio interior que permite la vida al aire libre y protege de los vendavales del invierno.

Elegí una paleta en tonos silenciosos y creé un espacio neutro rematado en contraste para permitir la entrada a la gama de azules y verdes de la naturaleza, del agua y de los atardeceres incendiados. Usé materiales locales como el chukum, una mezcla ancestral que se obtiene de la resina que contiene la corteza del árbol con el mismo nombre, una celosía de tabiques locales para el bar, pisos de pasta hechos en moldes antiguos al estilo de las haciendas yucatecas, llenándolo todo de alegría monocromática. Escogí piezas de arte que puedan vivir en este clima, como la escultura en el techo de la terraza de cuerda y ónix de Adán Paredes que se disfruta estando tendido debajo en la hamaca.

Una casa con los vientos, exceso de sol y la salinidad local estará en constante renovación y mantenimiento para seguir su canto. Nada permanece en el lugar que extinguió una forma de vida en la tierra.

VAIL

VAIL, COLORADO USA

CHARLOTTE MC
SOFÍA A

EL CONTRASTE

Fotografía: José Margaleff

Vail es un pueblo rodeado de montañas rocosas al centro de Colorado. Desde 1960 es un centro turístico de enorme demanda en todos los meses del año. Construido al modo de una villa alpina, tiene el sabor de los poblados europeos mezcaldo con el dinamismo de Estados Unidos. Las montañas son las protagonistas del lugar, ya sea como estación de esquí o como lugar ideal para el campismo.

En Vail la vida sucede al exterior. La casa es lugar de convivio y recogimiento: su misión es convertirse en un hogar que da guarida y sombra. El paisaje siempre es monocromático, ya sea en su relajante verde del verano o en el silencio blanco del invierno. Para contrastar opté por crear un espacio interior que aportara ciertos elementos de color y textura a través del arte, piezas de mobiliario, objetos decorativos, tapetes y tapices en muros. El resultado es un acogedor espacio lleno de carácter que cobija de la intemperie y las inclemencias del tiempo.

Este es un departamento familiar de tres habitaciones donde multiplicamos la capacidad de alojamiento con literas *queen size*; optimizamos las áreas con una cocina abierta que permite una dinámica familiar para varios grupos de edades con telas lujosas pero lavables. Cada área tiene su propio sello, lo que distingue una de otra creando un ambiente único. Fue un trabajo muy divertido con un resultado audaz gracias a clientes recurrentes que confían en mi trabajo y están dispuestos a arriesgarse.

POLANCO

CIUDAD DE MÉXICO **MÉXICO**

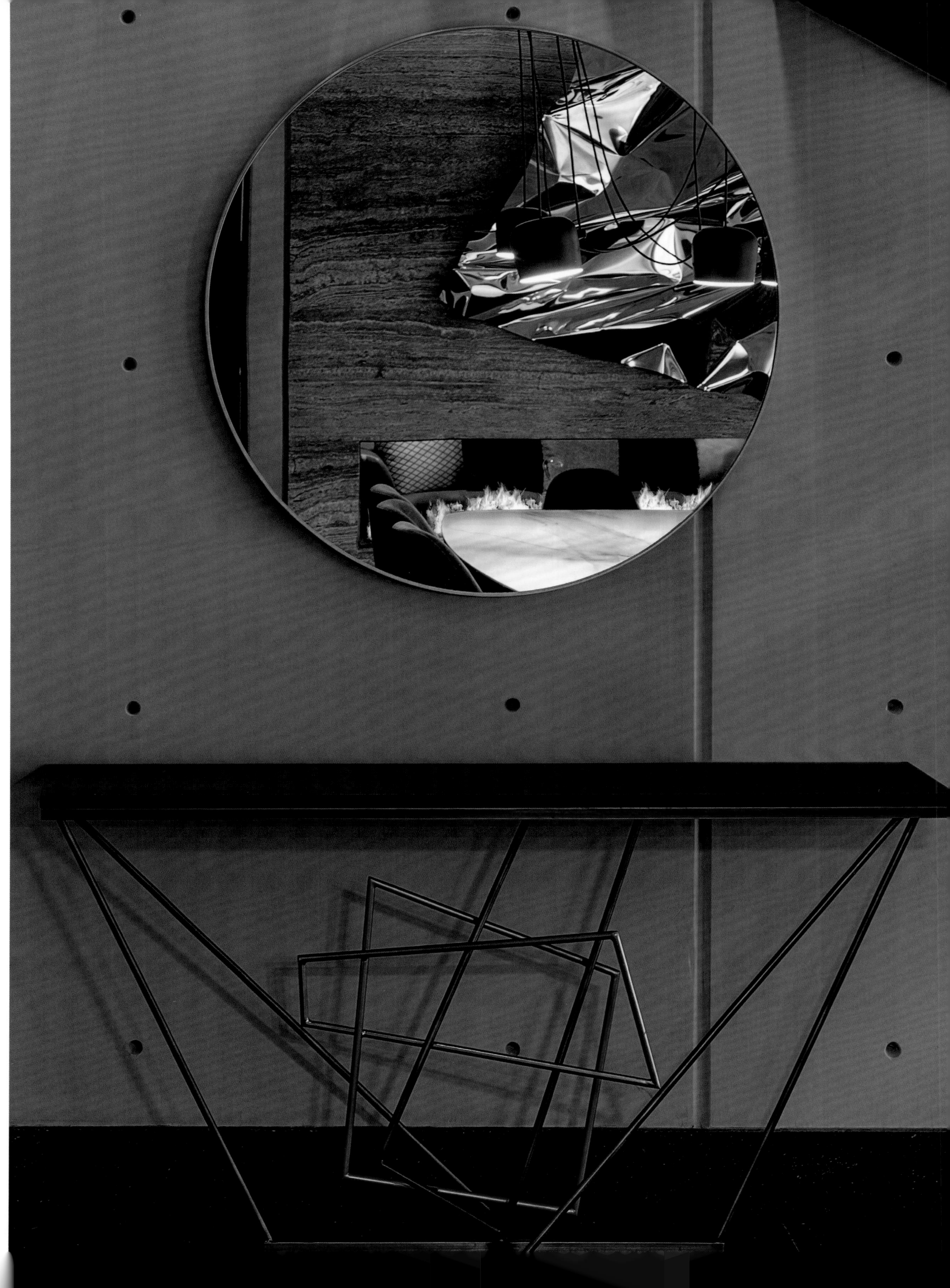

SED
DE
EXTERIOR

La colonia Polanco se fundó en 1950 de uso exclusivamente habitacional. Con los años se ha ido transformando hasta convertirse en un nuevo y lujoso centro de la Ciudad de México con hoteles, oficinas, departamentos y comercios de todo tipo.

Algunas casas antiguas se demolieron y en su lugar surgieron edificios residenciales que dan otra cara a la zona y reciben nuevas maneras de vivir. La tendencia es crear viviendas unipersonales, multifuncionales, ricas en exterior.

Este es el caso de un departamento de reciente construcción, en dos plantas, con un patio cuyo sentido era iluminar y ventilar. Mi propuesta fue dotar de posibilidades a un espacio vacío, no solo porque ahí se vive la relación con la naturaleza —luz, sol, aire—; sino porque es un lugar de usos múltiples para convivir, para hacer ejercicio, para jugar con la perrita de la casa y para establecer una relación con el mundo exterior. Una chimenea de gas, plantas, árboles y distintas áreas donde poder comer y pasar el rato hacen de este patio el corazón del proyecto.

La pérgola de dicho espacio dio ocasión a crear un acogedor balcón para la recámara principal en el segundo piso.

La colección de corchos de vino del cliente se convirtió en el piso de la cava ubicada al centro del departamento. Así aspectos personales y significativos de mis clientes se convierten también en elementos funcionales o decorativos.

1 2

7

3

4

6

5

| Proceso de montaje. *México, 2020* |

1. Detalle de un rebozo de seda anudado a mano, una prenda tradicional de la mujer mexicana desde el siglo XVI. 2. Puesto tradicional de dulces y botanas: cacahuetes, garbanzos enchilados, gomitas, obleas, amaranto, palanquetas, y alegrías. 3. Trajineras decoradas para pasear por los canales de Xochimilco, el último resto del sistema de transporte creado por los aztecas, al sur de la Ciudad de México. 4. Pieza prehispánica en el patio del Museo Frida Kahlo, la que fue su casa de niña y al final de su vida. 5. La flor que se asoma un par de veces al año en uno de los cactus de mi jardín en la Ciudad de México. 6. Detalle de madera laqueada en una trajinera en Xochimilco. 7. Contraste de colores entre la vegetación y los colores de las paredes en México.

Tapetes, cerámica y mobiliario hecho a mano en localidades pequeñas de mi país, combinados con piezas de ciudades europeas crean su propio equilibro.

Mi apuesta es la mezcla, nunca el purismo.

RA SHOWROOM

CIUDAD DE MÉXICO **MÉXICO**

LUJO PARA LA INTIMIDAD

Fotografía: Alfonso de Béjar y Héctor Velasco

Vestir recámaras y baños con buen gusto es una práctica que una firma italiana de blancos de lujo ha desarrollado desde hace décadas aportando a los lugares de descanso belleza, refinamiento y tradición.

Esta oficina y *showroom* tienen como punto de partida comunicar los valores de la marca tanto en los acabados como en la decoración: geometría rómbica en espejos sobre muros del baño principal, el despiece de mármol en el piso, colores azul y dorado en el mobiliario, elegancia en la simplicidad. En este proyecto el interiorismo y la arquitectura están al servicio de la identidad corporativa.

La apuesta fue crear una área abierta al público para mostrar de una manera cómoda y refinada los productos que tradicionalmente están pensados para el ámbito de lo privado. La transición entre espacios se da a través de puertas corredizas que comunican y permiten que el arte tenga una presencia en todo el ambiente, pero que también ofrecen intimidad al cliente y a la oficina principal.

El mármol italiano es una deferencia a esa tierra, pero la mano de obra es mexicana como parte de un diálogo entre los dos países. La pieza martelinada en latón del recibidor es un pequeño homenaje a Mathias Goeritz: otra manera exitosa de lograr la sutil convivencia entre el talento de ambas naciones.

RUBÉN DARÍO

CIUDAD DE MÉXICO **MÉXICO**

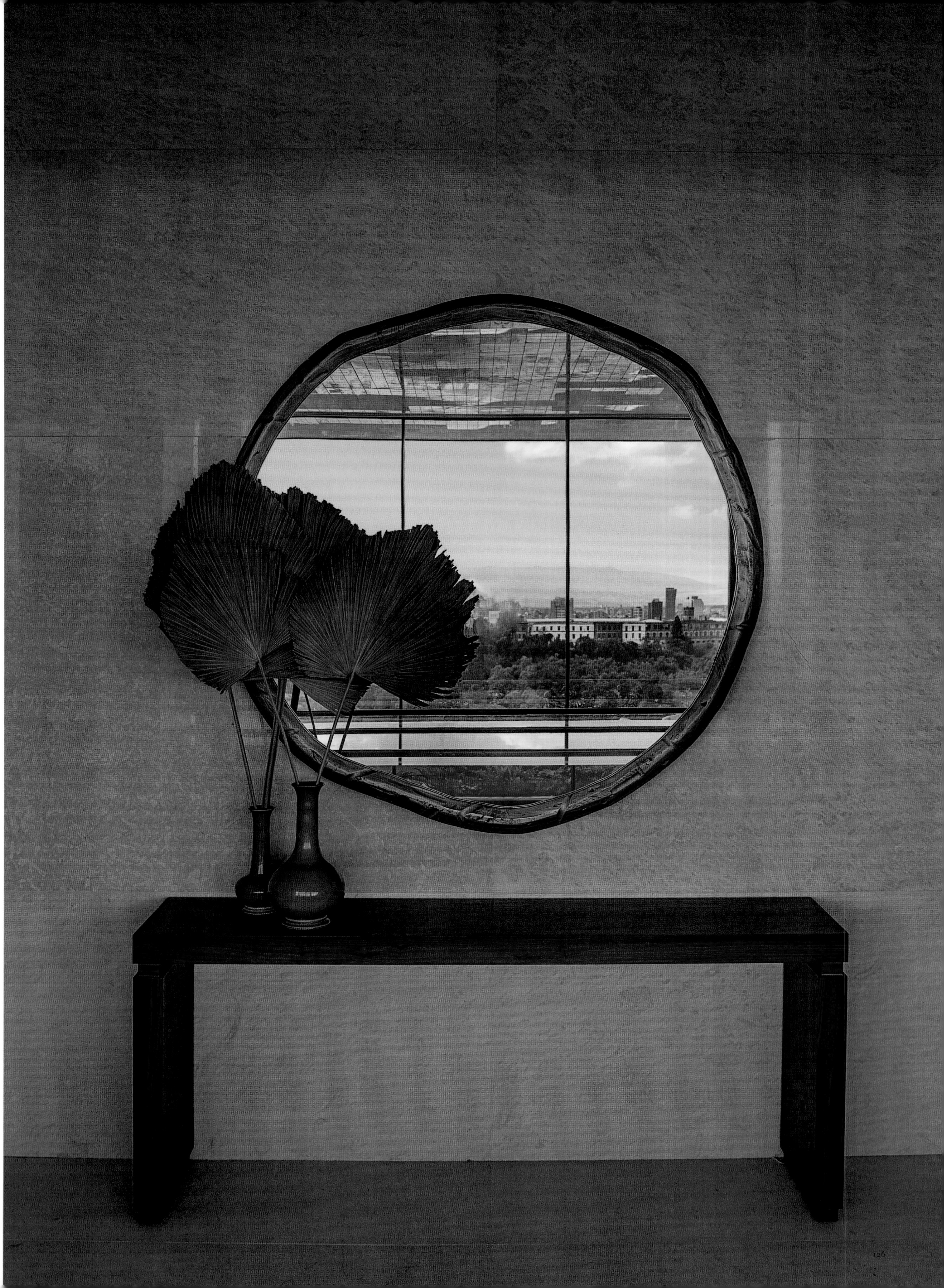

Arquitecto: Artigas Arquitectos

Fotografía: Jaime Navarro

LO PERSONAL EN LO PÚBLICO

La Ciudad de México tiene muchos ángulos y distritos definidos por el trazo urbano y sus vistas. Su evolución natural se expresa en su gente y arquitectura de modo paralelo.

La vivienda vertical de lujo es una de las soluciones que la urbe aporta a citadinos acostumbrados a vivir en casas las cuales cambiaron frente a nuevas necesidades. Las zonas públicas son punto clave para otorgar amplitud, comodidad y convivencia. Si bien cada persona tiene el departamento que desea, las áreas comunes son la signatura del espacio compartido.

La elección de ambientes neutros, generalmente monocromáticos, que integra el gusto de todos los clientes puede dotarse de personalidad y carácter mediante el uso de texturas y patrones. El reto fue enriquecer la paleta beige y café con arte, terciopelo, cuero, lambrines y *shutters* de madera, sillas tejidas en cuerdas y placas de mármol Calacatta Verde.

La alberca en las alturas es una invitación para que la vista urbana sea el personaje principal: el horizonte, la fronda de los árboles, el atardecer y la noche llenan el entorno. Frente a un paisaje espectacular, la oferta es crear condiciones para disfrutarlo con mobiliario práctico y atemporal, que continúe con las transparencias del aire.

La propuesta de interiorismo busca que cada residente, de gusto tradicional o contemporáneo, encuentre eco de su propia estética en un espacio que lo haga sentirse cómodo y con algo muy suyo.

RUBÉN DARÍO

CAMPOS ELÍSEOS

CIUDAD DE MÉXICO **MÉXICO**

QUE PASE EL BOSQUE

El Bosque de Chapultepec constituye casi la mitad de las áreas verdes de la Ciudad de México y es su pulmón más importante. Es también uno de los sitios más pintorescos debido a sus lagos artificiales, espacios deportivos, fuentes y museos. Capitalinos y turistas lo visitan con frecuencia y entusiasmo.

Un departamento con vista al bosque, en una de las ciudades más grandes y pobladas del mundo, es un deleite para vivir y trabajar.

La configuración familiar suele ser uno de los temas cruciales en la definición de espacios y acabados de un proyecto: el concepto gira en torno a los intereses y edades de sus habitantes y de ahí se desprende la paleta de color, los materiales y la configuración del plano arquitectónico. En este caso se trata de la vivienda personal de una pareja sin hijos. En el mundo de los adultos se asume que hay un mayor cuidado y finezas, por lo que me animé a usar texturas delicadas y colores muy distintos a lo que propondría en un ambiente familiar tales como el par de sofás blancos, las mesas de espejo en la sala o la creación de un bar abierto a lado del comedor.

La riqueza en tonalidades y el uso de distintos tipos de materiales permitió añadir variedad frente a la sobriedad de los lambrines de nogal que envuelven el proyecto y le aportan lujo y calidez. Las placas de mármol y granito en muros y mesa del comedor contrastan a las temperaturas del espacio.

El balcón creció con un muro de espejo y el bosque se multiplicó hasta casi sentirlo dentro de la terraza que mira la efervescencia urbana.

CASA CLUB EL CARMEN

ATLIXCO, PUEBLA **MÉXICO**

UN CORAZÓN PARA TODOS

Arquitecto: Artigas Arquitectos

SOFIA ASPE Y EL ARTE DEL DISEÑO

Atlixco es una ciudad ubicada a los pies del volcán Popocatépetl, en el estado de Puebla. Gracias a su clima privilegiado crecen árboles, flores, frutas y plantas por doquier. Aquí el legendario paisajista japonés Tatsugoro Matsumoto tuvo un vivero a mediados del siglo XX donde cultivó los árboles que introdujo en México: las jacarandas provenientes de Brasil, las bugambilias y los bonsáis.

Así fue como llegaron estos majestuosos árboles a la casa club El Carmen, el corazón que articula la convivencia y el disfrute de los habitantes e invitados de las sesenta casas del conjunto. Todos los miembros de las familias residentes son clientes principales y cada uno es protagonista del espacio que se les designa: sus edades, sus gustos, sus necesidades, son escuchadas y atendidas.

Cada área del proyecto está pensada de principio a fin: los niños tienen una ludoteca con muebles curvos, sin esquinas, en materiales no tóxicos; los fumadores de puro tienen su propio salón; la zona de juegos para adolescentes cuenta con billar y pinpón; además están el centro de negocios, el spa, así como los espacios donde se juntan todas las generaciones: el *juice bar*, la alberca y el restaurante.

La propuesta de interiorismo fue usar materiales tradicionales mexicanos de forma contemporánea; las piezas de barro negro de Oaxaca en el mueble de la recepción, la talavera poblana en distintos colores y formas en las mesas del patio, el cobre de Michoacán en candiles de recámaras y cestería de Campeche en el lobby integran la riqueza cultural del lugar.

Fotografía: Alfonso de Béjar

CASA CLUB EL CARMEN

THE ITALIAN DREAM

CASA CLUB EL CARMEN

VILLA AZUR MÉXICO

CIUDAD DE MÉXICO **MÉXICO**

Arquitecto: José Jaff

LA DOBLE VIDA

La cultura de los países viaja, también, a través de la comida. Frutas, verduras y carnes de producción foránea o nuevas maneras de preparar alimentos locales tienen cabida en un restaurante de origen francés con un *twist* mediterráneo en el corazón de la Ciudad de México.

Diseñar un espacio para la convivencia que permita diálogos cruzados, pero también aislados, en donde el sonido envuelva la atmósfera sin inundarla, en el que serán los comensales quienes den vida al lugar, es una combinación desafiante para el interiorismo.

El reto de este restaurante fue crear un sitio que pudiera transitar entre un comedor abierto de día, lleno de luz, alegre y lujoso para ir a degustar platillos de gran calidad, y un lugar para la fiesta nocturna con luces de colores y DJ. En un solo espacio, con los mismos elementos en telas, texturas, acabados y ambientes, creamos la posibilidad de una doble vida. Hay una tensión armónica entre fuerzas opuestas, luz y oscuridad, a partir del mobiliario, plantas, espejos y luces que permite la dualidad. Con un gran árbol central, un olivo de veinte años, rompimos el curso tradicional de las mesas y al mismo tiempo otorgamos ritmo y movimiento.

Uno de los retos del interiorismo es crear espacios flexibles a diferentes actividades y horarios mediante propuestas de diseño que permiten a la gente platicar en el murmullo del medio día o subirse a bailar en los sillones a media noche.

Fotografía: Jaime Navarro

TIERRA PARA LAS NUBES

Santa Fe es el distrito más moderno de la Ciudad de México. A partir de 1980, sobre viejos tiraderos de basura, se construyó un centro de edificios corporativos al que se fue integrando una zona de unidades habitacionales y comerciales que ofrecen en conjunto el rostro de la capacidad de transformación de esta ciudad. Lo atractivo de esta zona es la efervescencia y la novedad; el riesgo es encontrar continuas repeticiones de lo mismo.

En esta oficina, ubicada en un corporativo donde las áreas son diseñadas bajo la misma plantilla, buscamos crear una pequeña pausa en un lugar que construya su historia y el sabor de lo propio. La idea fue crear la identidad y la funcionalidad que requiere la oficina de una influencer y blogger especializada en moda.

Un blog es un espacio sin corporeidad, vive en una nube que nadie hemos visto, pero de la cual todos hablamos. Tuve la oportunidad de darle tierra a esa nube, salimos de lo vaporoso y cambiante del cielo, para crear una materia con texturas y colores que apelan fuertemente al cuerpo y a los cinco sentidos.

Optamos por un proyecto que aportara vigencia: sillones curvos empotrados en las columnas, piso de concreto, lambrines en chapa de madera de roble quemado, y para los diferentes espacios una paleta de colores atrevida, femenina y contemporánea como mi clienta. Un proyecto que, contrario a lo fugaz de las formas de las nubes y la moda efímera, vivirá muy buenos años.

Fotografía: Jaime Navarro

DESIGN HOUSE I

CIUDAD DE MÉXICO **MÉXICO**

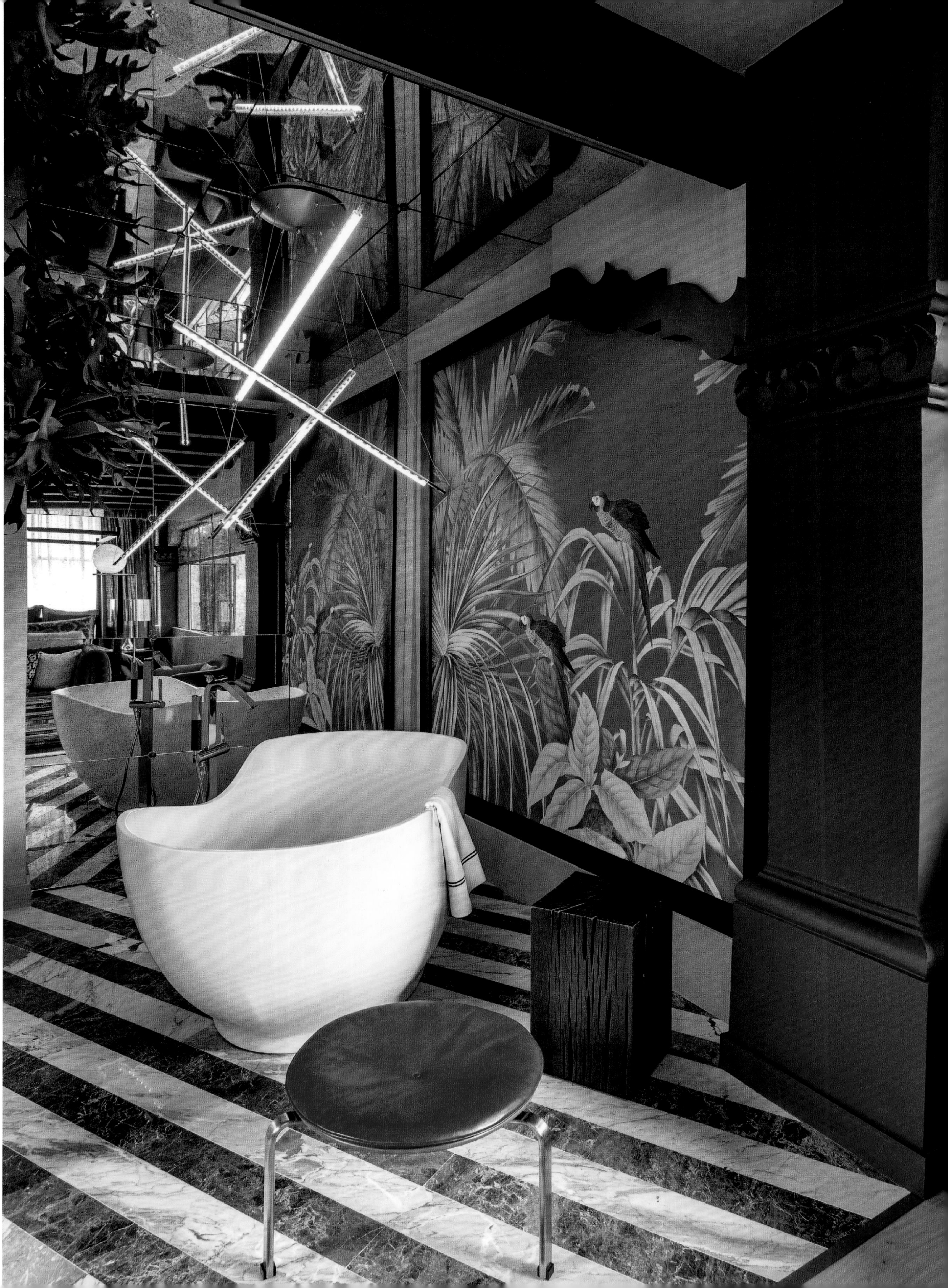

EL CLIENTE IMAGINARIO

Fotografía: Alfonso de Béjar

Design House es una iniciativa que sucede en el contexto de la semana de *Design Week México*. Se trata de un ejercicio de creación colectiva donde arquitectos, paisajistas, diseñadores e interioristas intervienen distintos inmuebles en la Ciudad de México para restaurar y remodelar. Los espacios de la construcción se dividen y designan a cada colaborador para que muestre su estilo. En un oficio tan solitario como el mío celebro coincidir con gente del gremio en torno a una propuesta.

En el 2017 intervenimos una construcción de Polanco del tipo de las que se erigieron en los años treinta y cuarenta, mansiones de estilo californiano colonial barroco. Casas preciosas de las que cada vez quedan menos, con cerramientos curvos, rejas de fierro forjado, ricas en ornamentación en cantera rosa que rodea puertas y ventanas contrastando con paramentos lisos.

El tema fue en torno a un cliente imaginario. En mi caso, una personalidad del mundo empresarial. Me fue dado un cuarto con una bodega diminuta que convertí en una suite con áreas para desayunar, de lectura, escritorio y baño. Los muros con espejos ampliaron la sensación espacial, puse un tragaluz falso, chimenea de gas; los lambrines fueron laqueados, las vigas originales se pintaron en tendencia combinados con un tapiz hecho a mano traído de Francia. Los libros y minerales son homenaje al cliente que es lector y coleccionista. El interiorismo interpreta sueños y traduce ideas, pero el verdadero protagonista del espacio es la persona que lo habita.

1

2

7

3

4

5

6

| Tapete quiñones, diseño Sofía Aspe interiorismo. *Ciudad de México, 2020* |

1. Detalle de una placa de mármol, uno de mis materiales naturales favoritos. 2. El piso del British Museum en Londres. 3. Textura de piedra en la costa de Devon, Inglaterra. 4. El telar manual del maestro José Mendoza quien teje en Oaxaca los tapetes diseñados por mi estudio. 5. Bordados tradicionales de Tenango de Doria para almohadas del Hotel The Alest. 6. Detalle de una palapa en Chicxulub, Yucatán. 7. El mar del Pacífico mexicano.

La verdad de los
materiales siempre
sale a flote a través
de su textura, belleza
y procedencia. Los
espacios y los acabados
se sienten en la piel.

*Me gustan los materiales
honestos que son lo que
muestran.*

DESIGN HOUSE II

CIUDAD DE MÉXICO **MÉXICO**

MIGRACIÓN DE MATERIALES

En el Design House de este año me fue asignada una área de transición que conectaba con otros cuatro ambientes. Decidí hacer de este ancho pasillo un bar el cual permite una oferta lúdica y un mobiliario más libre e inesperado de lo que llevaría un espacio más definido.

La propuesta fue buscar que los materiales tradicionales salieran de sus espacios consabidos. El azulejo es un componente interesante porque tiene enormes posibilidades de color, suele ser local, ayuda a la comunidad donde se produce y no es necesario que viaje. Normalmente se usaba para baños y cocinas, pero hoy en día conquista cafeterías, bares, tiendas e incluso el mundo corporativo. Además, me animé con diseños y cortes curvos para romper la rigidez de la tradicional cuadrícula del azulejo. La duela subió al plafón y el cemento pulido bajó al piso. Ante un claro estilo modernista del espacio introduje mobiliario icónico como la Silla México de Diego Matthai, la reinterpretación del equipal de Pedro Ramírez Vázquez y la cama Barcelona de Mies van der Rohe.

Trabajé en feliz colaboración con la artista Perla Krauze que reconcilia el espíritu con la materia pura como el vidrio, la piedra, el plomo, el ladrillo. Perla se aventuró en nuevas formas; fue generosa, solidaria, comprometida y en una verdadera mancuerna entre interiorista y artista, logramos un ambiente único. Al fondo, en el espejo de agua, hay dos piedras de su creación y varios azulejos fueron intervenidos por ella. En su honor quise nombrar a este bar La Perla, pero ella me convenció de que se llamara Bar La Piedra.

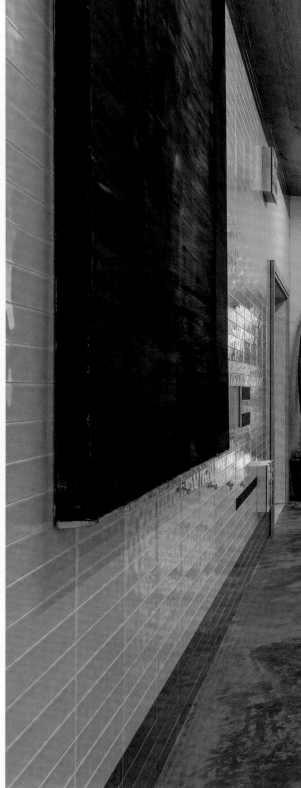

SOLUNA

MÉRIDA, YUCATÁN **MÉXICO**

SABER ENVEJECER

A Mérida, capital del estado de Yucatán, se le conoce como la ciudad blanca por la convivencia de arquitectura maya y colonial con piedras y materiales claros, la limpieza de las calles, el color de las guayaberas y los hipiles; Mérida es blanca por la luz del sol que la baña a todas horas.

En esta casa club construida por el arquitecto Augusto Quijano, todo es abierto y el aire corre libre. El reto fue que los materiales vivieran bien ante el calor extremo, la lluvia y el uso rudo. Elegimos acabados naturales resistentes al exterior: cuerda, sisal, yute, mimbre, aluminio, concreto, maderas tropicales, cerámica. Para crear identidad dentro de un entorno totalmente contemporáneo quisimos dar un toque local a la recepción utilizando mosaicos de pasta que antiguamente se usaban como pisos decorativos en las haciendas.

Aposté por piezas de mobiliario en terrazzo y concreto que generan una pátina muy interesante con el paso del tiempo así como un diálogo opuesto frente a la exhuberancia del verdor. Y es que la idea no es sólo ofrecer una propuesta de diseño que envejezca bien a través de los años, sino también ahorrar a mis clientes problemas de mantenimiento con el estado físico de las cosas. La presencia de la banca colgante confirma que el interiorismo siempre tiene un lugar para el juego y disfrute del espacio que es de lo que verdaderamente se trata este oficio.

NUEVOS CICLOS

La evolución de la conciencia de las personas y las casas se divide en ciclos de siete años. Al paso de este tiempo se entra en otra etapa de vida con mayor madurez y nueva visión. Monte Líbano es la casa donde vivo y la definen dos características: la ausencia de un cliente con quien filtrar ideas y la evidencia de la evolución de mi trabajo con mi identidad estética. Es un poco quién soy yo y cómo veo muchas cosas siete años después.

La remodelación sucedió en tiempos de pandemia, bajo estrictos cuidados y distanciamiento social, como una manera de apoyar y dar trabajo a mis proveedores que se quedaron con proyectos detenidos.

Me he ido editando en temas de color, con una paleta más tenue y en cantidad de objetos que si no son relevantes por su valor sentimental, calidad o propuesta de diseño, prefiero no poner. También hay una mayor selección y confianza en el silencio que producen los espacios.

Encontré la manera de respetar con nuevos aires la arquitectura original de la casa de los años 40, apostando siempre al efecto que produce la mezcla de elementos contemporáneos, *mid-century*, nacionales e internacionales. Un cambio resultado de la renovación estética, pero sobre todo producto de la vida de la casa, del uso que le damos y la manera en que cambiamos los que aquí habitamos. Me alegra incluir nuevas piezas de arte así como mobiliario diseñado por mi estudio: el tapete de la sala, los espejos de latón del comedor y la mesa de mármol del *hall*.

Y en todo esto ver la persona y la profesionista que fui y que soy ahora.

CHAMBERÍ

MADRID **ESPAÑA**

NUEVAS ALIANZAS

Chamberí es uno de los distritos con más historia de Madrid. Tranquilo y residencial, el barrio se conoce como la joya de la ciudad por la distinguida arquitectura aristocrática de los siglos XIX y XX, mezclada con parques, museos, así como con locales cosmopolitas y bulliciosos. Aquí desarrollamos el primer proyecto residencial en Europa. Por ello le tengo especial gratitud y cariño, por las puertas que abrió, pero sobre todo por la aventura compartida con nuevas alianzas.

La idea principal fue maximizar el espacio de un pequeño departamento de 110 metros. Lo demolimos por completo con la intención de hacerlo más luminoso, ampliar la sensación espacial y dar un toque lúdico a un edifico antiguo con distribución convencional. Repensamos las áreas, jugamos con literas matrimoniales al estilo de un vagón de tren, desnudamos la columna estructural a media recámara principal para que dialogara con el tapiz, propusimos dos arbotantes divertidos de Mario López Torres en el pasillo principal y colocamos un muro de espejo ahumado en el comedor. De España son la duela, los mármoles, los manerales de baño, los closets, las molduras y los chapetones. Todo lo demás se mandó desde México en un flete que arribó a Bilbao por mar: cortinas, lámparas decorativas, tapetes, tapices y parte de la colección de arte y mobiliario hecho a la medida, que fueron acomodados de acuerdo con el plano que envié previamente.

Esto no hubiera sido posible sin la alianza con un despacho local que coordinó y ejecutó el proyecto con extraordinaria manufactura. La distancia física y la diferencia de horario no impidieron que construyéramos un puente de trabajo y amistad con miras al futuro que ha abierto camino a nuevos proyectos.

BUY THE RUMOR

SELL THE NEWS

DELEITE SHOP

CIUDAD DE MÉXICO **MÉXICO**

HACER
CIUDAD

Fotografía: Jaime Navarro

Este proyecto se encuentra en una calle animada por el ir y venir de peatones de todas las edades en una exclusiva zona residencial de la Ciudad de México, donde se frecuenta el mercado de frutas y verduras, la tiendita de autoservicio, la dulcería, la tienda de marcos, los numerosos cafés, los restaurantes sofisticados y la chocolatería Deleite.

A partir de un pequeño local de concepto muy tradicional, propusimos un ambiente único con toques modernistas y acentos femeninos. Seleccionamos rombos blancos y rosas para el piso de azulejos hechos a mano, aprovechamos las alturas del espacio para colgar lámparas de cobre martelinado de Michoacán e hicimos pequeñas alusiones al fruto del cacao en manijas y jaladeras.

Hacer una barra con tubería de cobre y cristal curvo fue todo un acierto con el fin de generar el mayor espacio posible para la exhibición de productos, además del gran ventanal que da a la calle y que invita a saborear lo que se ofrece.

Remozamos la fachada del edificio para crear un ambiente armónico y sugestivo. Las mesas al exterior invitan a sentarse, mirar a la gente pasar, degustar la tarde con una oblea de matcha, chabacanos bañados de chocolate o un chocolate caliente. La ciudad se crea con espacios públicos, amables, que abrazan y dan un toque personal.

SHOP DELEITE

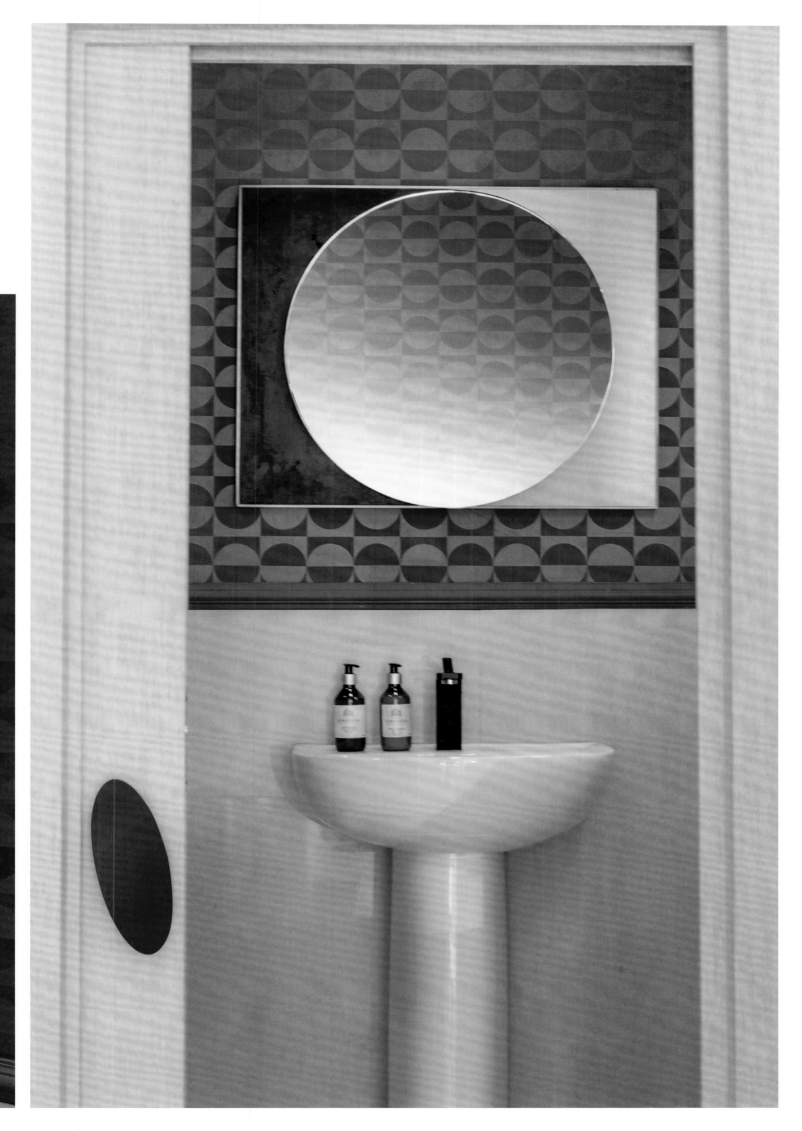

DELEITE SHOP

TORRE DEL PARQUE

CIUDAD DE MÉXICO **MÉXICO**

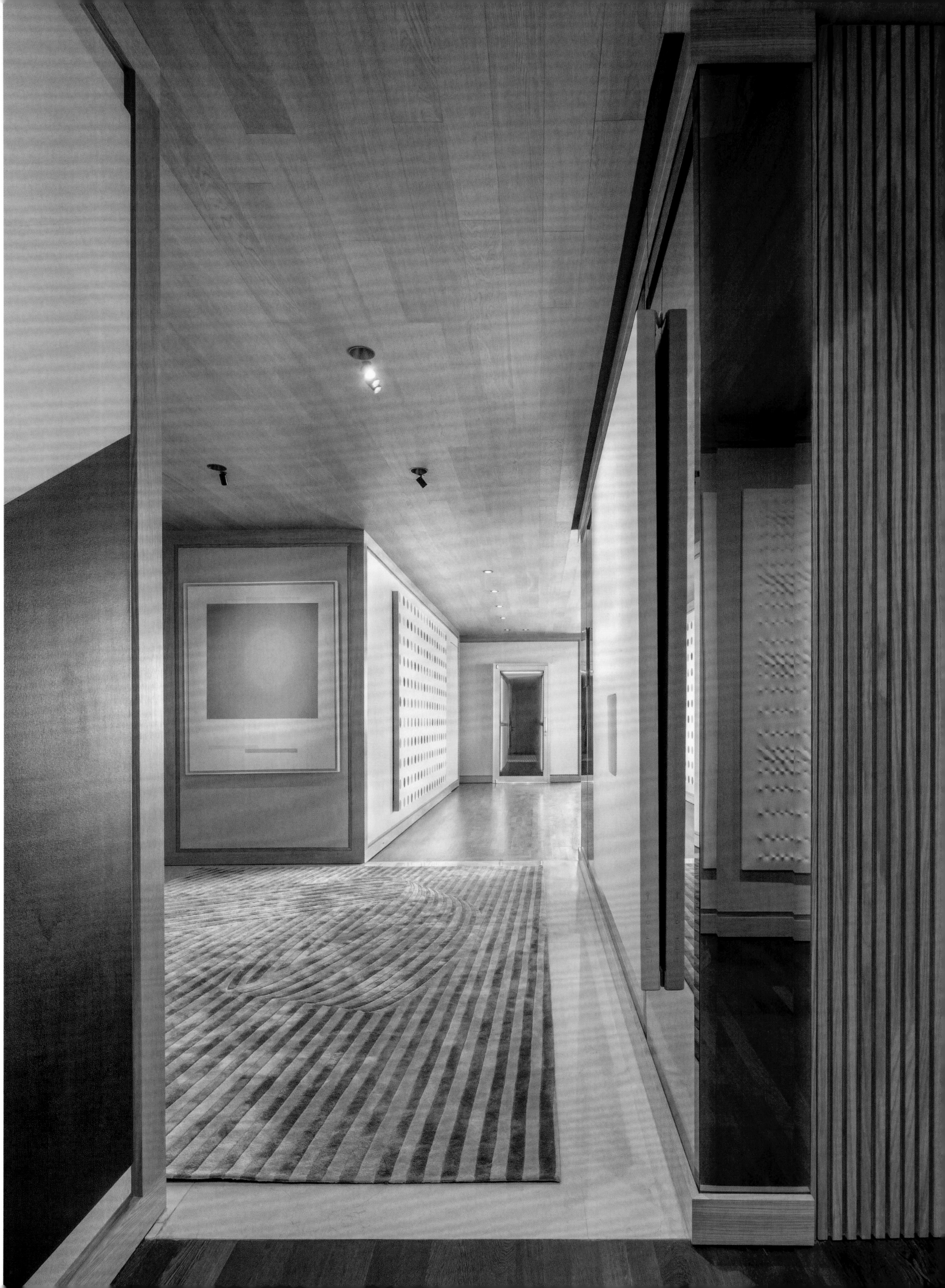

CURADURÍA

Un departamento en un rascacielos de la urbe mexicana es el lugar idóneo para que viva una colección particular de arte contemporáneo internacional con artistas de la talla de Baldessari, Hirst, Warhol, Cruz-Diez, Fontana y Sugimoto entre otros.

El arte da sentido a la vida y al modo como se entiende el tiempo presente, enriqueciendo las paredes y los lugares que habita. Desde esta perspectiva, se ponderan la amplitud de las áreas, el uso de luces naturales, funcionales y decorativas, y la convivencia con otras piezas que piden, además de un sitio físico donde vivir, un espacio donde puedan dialogar con quien las mira. Acabados, mobiliario y texturas fueron pensados exprofeso para que las obras de arte tengan un lugar preponderante. La combinación de interiorismo y curaduría generó un hogar lleno de personalidad que refleja las pasiones y predilecciones de mi cliente.

Estoy convencida de que cuando el arte es parte del mundo íntimo, se expanden horizontes, nacen nuevas formas de experimentar la vida, se establecen conexiones más profundas con otros y la cotidianidad es mucho más plena.

Fotografía: César Béjar

PRACTICAL

Atherton takes evasive action from a Srinath bouncer during his unbeaten 53

FEB.25.1989

NIGHTMARE

1

7

6

2

3

4

5

| Saatchi Gallery. *Londres, 2019* |

1. Detalles de muros en el Templo de Santo Domingo de Guzmán en Oaxaca. 2. La primavera en Central Park, NY. 3. La entrada del Hotel Magdala, en Migdal, Israel, donde tuve el privilegio de haber sido invitada por el Padre Juan Solana, L.C. para crear los interiores. 4. Las Salineras, en Las Coloradas, Yucatán. 5. En Lisboa, donde los trabajos en azulejos me inspiraron enormemente. 6. Una imagen que tomé viajando en tren por Perú. 7. Paseando por la Toscana, luego de visitar el Salone del Mobile en Milán, Italia.

Salgo al mundo para mirar con perspectiva el propio mundo. La viveza de los viajes se decanta en mis acciones y reflexiones.

Viajar es ir a hacia adentro.

CHAPULTEPEC

CIUDAD DE MÉXICO **MÉXICO**

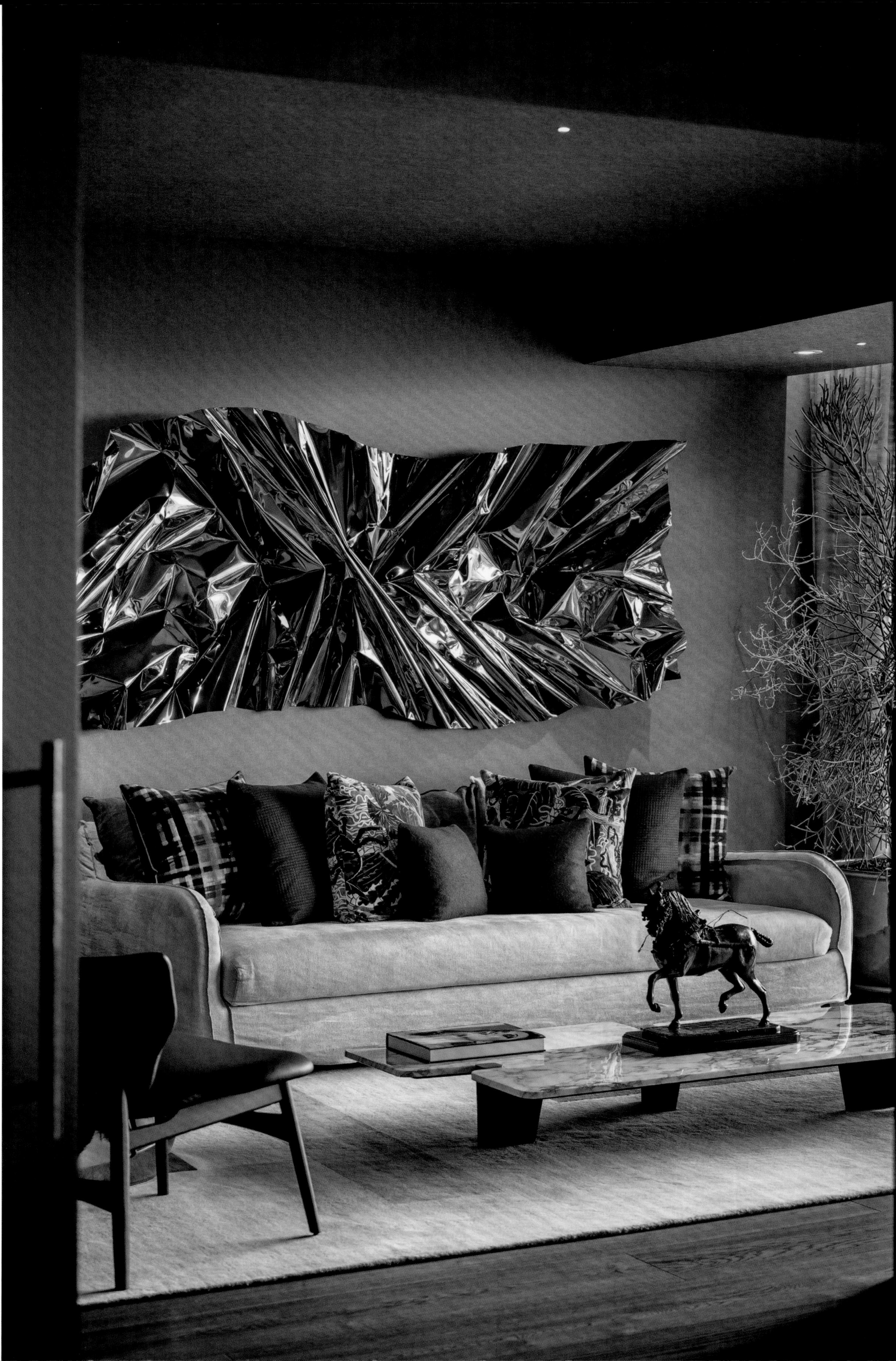

EL GUSTO POR LO PROPIO

La calle de Rubén Darío, en la Ciudad de México, es famosa por las espléndidas vistas que ofrece: cielo, bosque y edificios históricos asoman por las ventanas residenciales. Crear un espacio interior que haga justicia al espectáculo natural de la casa es siempre un reto interesante.

Celebro enormemente cuando mis clientes tienen especial predilección por la cultura mexicana, pues hay una interacción con la propia historia del país que se convierte en el eje rector de la estética. En este caso dimos la importancia que merece a la colección de piezas precolombinas y a los cuadros de grandes pintores mexicanos como Tamayo, Toledo y José María Velasco entre otros, para dar voz a lo nacional. El mobiliario italiano junto con piezas creadas por mi estudio para el proyecto equilibra lo contemporáneo con lo tradicional. Esta mezcla de eras y procedencias conviven armónicamente en un contexto monocromático en tonos grises, con diversas escalas y texturas, elegida por una pareja que sabe celebrar y negociar los espacios nuevos con buen humor y apertura.

El balcón es una terraza para estar desde donde se vislumbra el hermoso Castillo de Chapultepec, por muchos años residencia de quienes condujeron los destinos de México. Ahí viven un asador y un pequeño huerto de hierbas aromáticas que hacen de las tardes de convivio una grata experiencia al aire libre.

Fotografía: César Béjar

316

FOUR SEASONS COSTA PALMAS

LOS CABOS, BAJA CALIFORNIA SUR **MÉXICO**

AMISTAD ENTRE PAÍSES

La Ribera, Los Cabos es un lugar con una belleza sin igual. Ubicado en el norte de México, en Baja California, el contraste amarillo del desierto con el azul acerado del Mar de Cortés es el escenario perfecto para el desarrollo residencial y hotelero Four Seasons Costa Palmas.

Esta fue la primera vez que trabajamos directamente para clientes norteamericanos. Enamorados de la geografía y el arte mexicano, confiaron en un despacho local para vestir su hogar. Su estilo relajado de vivir, en una casa diseñada por la firma arquitectónica Guerin Glass, nos permitió elaborar espacios muy libres donde el paisaje tuvo un lugar primordial.

En este proyecto refrendamos la larga amistad que existe entre ambos países y culturas vecinas y aprovechamos el enorme aprecio que los clientes mostraron hacia la artesanía mexicana de calidad y la gran mano de obra nacional para introducir bordados finos de Hidalgo y Chiapas, candelabros de Yucatán, tapetes hechos en Oaxaca, mosaicos de Guanajuato y muebles fabricados en la Ciudad de México.

El resultado generó espacios cómodos, llenos de luz, salpicados de color y autenticidad, que ofrecen al interior y exterior vistas cálidas para vivir la delicia del desierto y el mar en un mismo lugar.

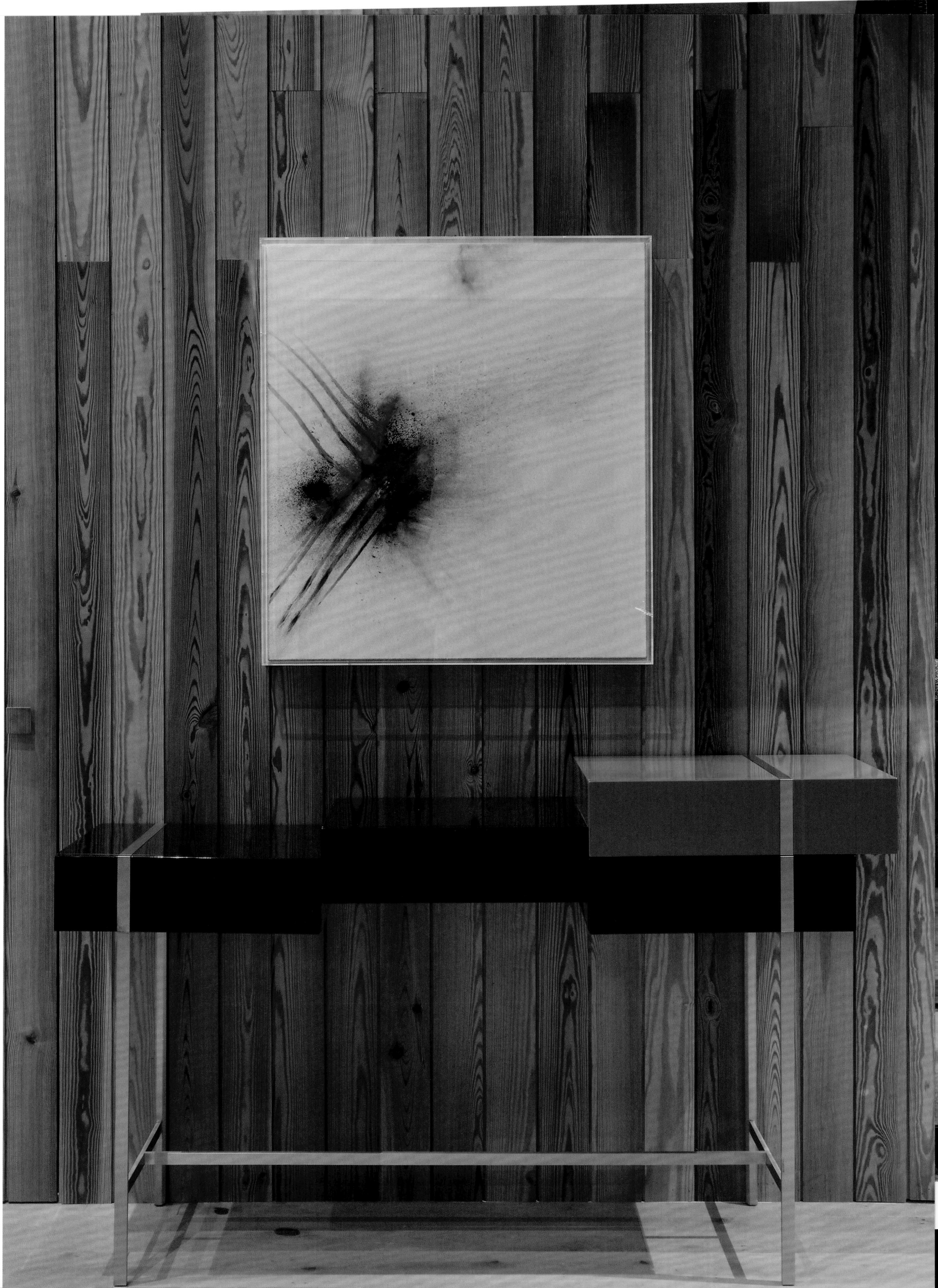

Arquitectura: Edith Cervantes

LAS BONDADES DEL TIEMPO

La Reserva Ecológica Balcones, cerca del río Colorado, que desemboca en el lago Austin, protege una enorme zona de montañas calizas, cuevas y diversas especies de plantas y animales. En el club de golf de la Universidad de Texas, ubicado en colindancia con ese terreno, se llevó a cabo el proyecto de más larga duración en el que hemos participado.

El acercamiento inició con la propuesta de nuevos acabados y muebles para ciertas áreas de una casa habitada al estilo *Spanish colonial American*. Cuando terminamos, las otras áreas intactas originales demandaron la necesidad de renovarse para producir unidad y equilibrio a lo largo de todo el proyecto. La inteligencia de los clientes les permitió entender que estaban ante un proceso de transformación total. Así, de algo menor, fuimos creciendo a una remodelación de fondo durante un periodo de cuatro años. Demolición, nueva conformación de espacios, acabados contemporáneos, mobiliario, arte y detalles finales hasta entregar un proyecto llave en mano.

La cercanía con esta familia nos permitió establecer una relación significativa: vimos a las hijas crecer y pudimos aportar el gusto por el arte, de modo tal que el cliente es hoy un gran coleccionista. Los atardeceres frente al bosque se disfrutan mejor en esta nueva casa donde, gracias a las bondades del tiempo, todos tuvimos un crecimiento del corazón.

Fotografía: José Margaleff

HOTEL THE ALEST

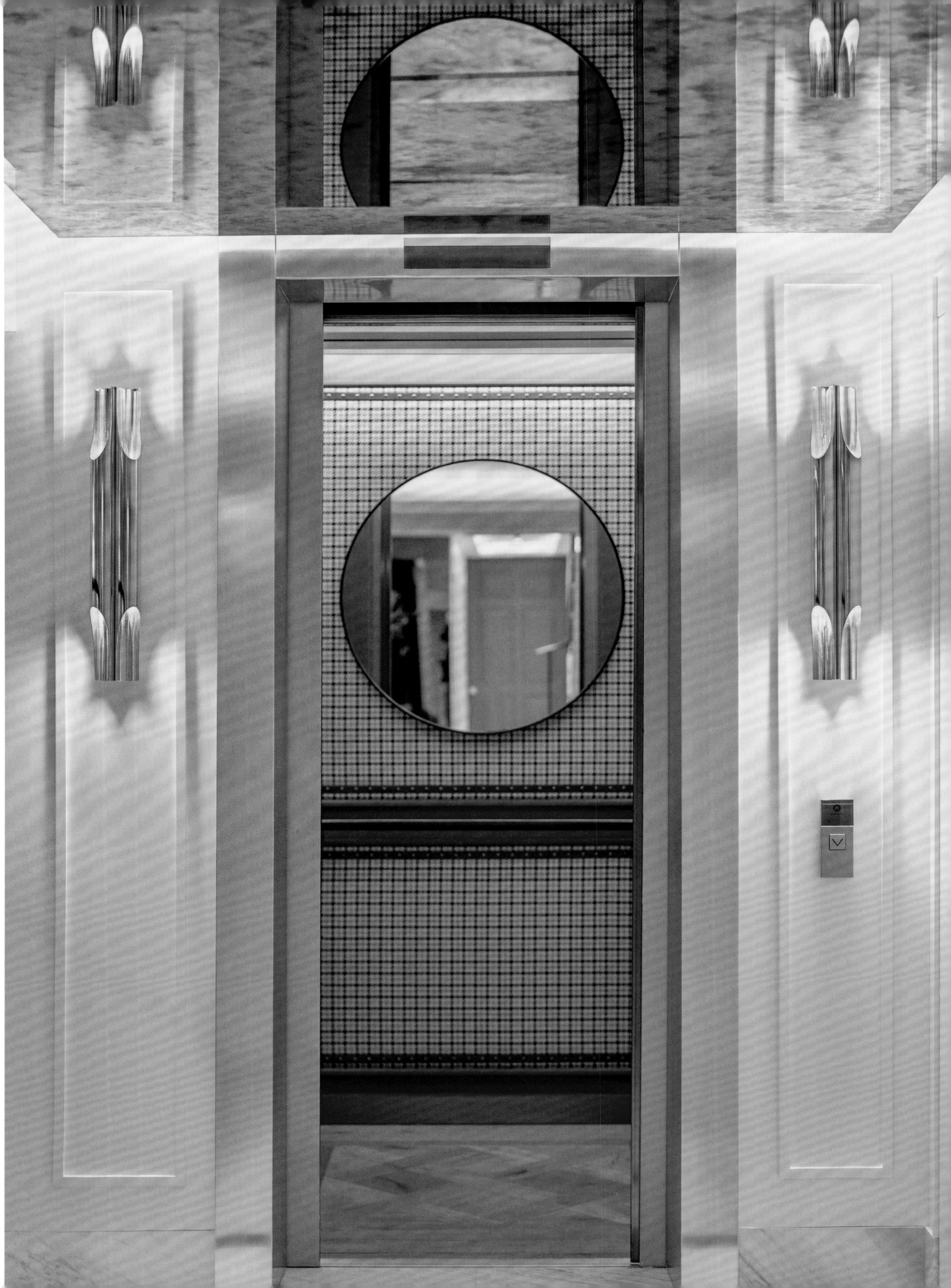

Arquitectura: Beta Estudio, José Ignacio Jiménez

Fotografía: César Béjar

DAR LA BIENVENIDA A LOS DE AFUERA

El alojamiento a viajeros es una tradición que se ha ido sofisticando y que hoy expresa una de sus mejores ofertas en los hoteles boutique donde el lujo, el servicio y la comodidad se conjugan de manera espléndida, como sucede en el Hotel The Alest, ubicado en la Ciudad de México.

A partir de una propuesta arquitectónica que presenta un trazo de estilo europeo, la intención fue crear un ambiente con acabados del viejo continente mezclado con toques de alto diseño mexicano contemporáneo en una atmósfera íntima y ecléctica, donde la gente se sienta en casa. El respeto y entendimiento mutuo entre arquitectura e interiorismo generó un diálogo creativo en el que se lograron áreas comunes exclusivas para huéspedes y diecinueve habitaciones que son un homenaje en mobiliario y mano de obra a diversas zonas del país. La idea es que el huésped pueda empezar a vivir la grandeza de los recursos naturales y culturales, así como las ofertas de diseño del lugar que visita. Pisos de pasta yucatecos conviven con una duela austriaca en el suelo del desayunador, placas de mármol de Portoro de Italia platican con piezas horneadas por el ceramista local Pedro Saviñón en la barra del bar, mármol Four Seasons debajo de un lavabo de cobre martelinado en Michoacán y en cada uno de los cuartos envueltos en sutiles paletas de color, dialogan óleos de la artista Arantxa Solís con tapetes tejidos en Puebla y diecinueve distintas cómodas creadas por la ebanistería local *Les Arts au Soleil*, que rinden homenaje a diversos temas mexicanos: las mariposas monarcas, las Torres de Satélite de Luis Barragán y Mathias Goeritz, el papel picado, las chinampas de Xochimilco.

En este hotel, al igual que en todos mis proyectos, cada vaso, plato, lámpara, tela, mueble, tapiz, maceta de cerámica y pieza de arte está pensado para que la suma del todo armonice esa sensación de abundancia y maravilla que da la bienvenida y acoge a la persona que lo vive.

PARQUE GANDHI

CIUDAD DE MÉXICO **MÉXICO**

DE PUERTAS ABIERTAS

Esta remodelación a uno de nuestros primeros proyectos diseñado hace ocho años, es un claro ejemplo de vivienda vertical de lujo con enormes vistas a la Ciudad de México, distribución y diseño hecho a la medida.

En este departamento viven tres hombres muy activos en sus distintas edades, necesidades y pasiones. De allí que buscamos darles cabida con espacios pensados exprofeso para sus aficiones, colecciones y disfrute. Así, arte, botellas de vino, libros y vajillas son el centro gravitacional de una casa que constantemente recibe gente. Cada zona es un escenario distinto para reuniones formales e informales de convivencia y trabajo, de tal modo que se puede socializar en distintos contextos y ambientes según el ánimo y la modalidad. Frente a esta viveza de las áreas públicas, las recámaras son concebidas como espacios interiores de recogimiento que abrazan el descanso y el silencio.

Todo lo anterior son lujos necesarios para una casa que vive con el corazón y las puertas abiertas.

Fotografía: José Margaleff

3

4

5

| Sol Lewitt, Fondazione Carriero. *Milán, 2017* |

1. Junto a la pieza de Ugo Rondinone en uno de nuestros proyectos en Acapulco. 2. Siempre sorprendida por el juego de equilibrio en las esculturas del artista jaliciense Jose Dávila. 3. Detalle de la mesa *Four Seasons* diseño de mi estudio. 4. Los cojines en forma de pelota, los cuales siempre incluyo en mis proyectos. 5. Con mi busto creado por mi amigo y gran artista Pedro Reyes. 6. Frente al óleo *Nuestra imagen actual* de David Alfaro Siqueiros en la exposición "Vida Americana" en el Whitney Museum, NY. 7. Macetas diseñadas por el ceramista Pedro Saviñón para nuestros proyectos.

El arte es mi fuente de
enriquecimiento: mi
lujo, mi centro; produce
un diálogo potente
que se convierte en
disparador creativo.

No hay interiores
contundentes sin la
presencia de arte.

COCONUT GROVE

MIAMI, FLORIDA **USA**

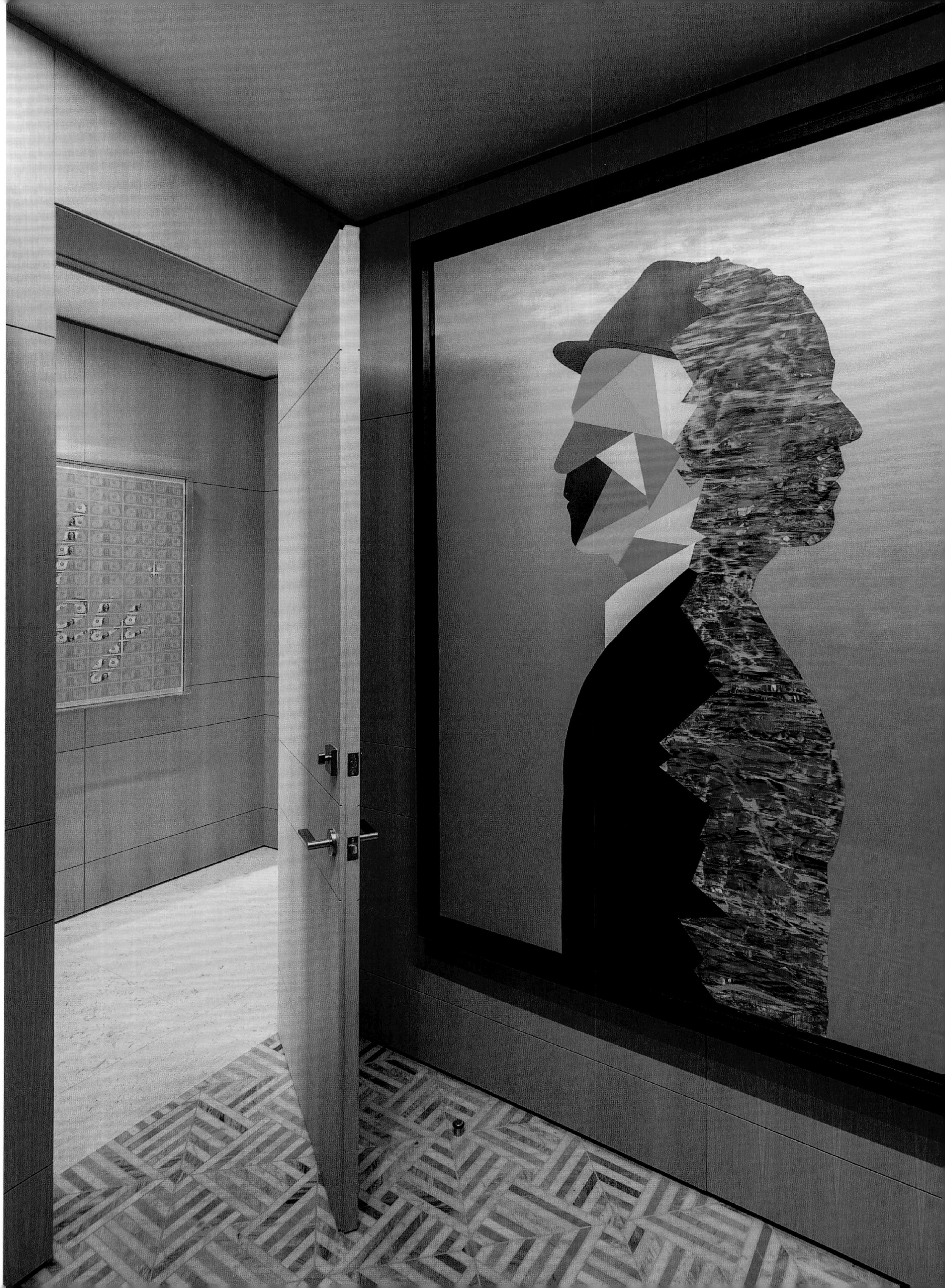

BIENVENIDOS LOS CAMBIOS

Mudarse de ciudad, ocupar una nueva casa, transformar el espacio que habitamos, iniciar el uso de redes sociales… Todos son cambios que llevan su dosis de resistencia y entusiasmo de manera simultánea, pero que al final abren puertas a diferentes oportunidades.

Si antes las mejores recomendaciones laborales se hacían de voz en voz, hoy tienen una mayor resonancia al hacerlo de imagen en imagen en el espacio virtual. Me tardé en vencer la renuencia a las redes sociales. Poco a poco fui abriendo otras formas de comunicación y empecé a incluir ese mundo en el día a día, ya que son mi mano y mi voz las que están atrás de la cuenta de Instagram y de la página del estudio. Gracias a ello, el trabajo se ha visibilizado, y al mismo tiempo he podido relacionarme con artistas, proveedores, galeristas y clientes que de otro modo no hubiera sido posible conocer.

Este departamento es fruto de ese diálogo digital al que no estaba habituada. Ahí coincidimos con una maravillosa clienta que, al seguir el trabajo de mi estudio en las redes, reunió el ánimo para encontrar un modelo distinto de hogar para ella y sus hijas. Este proyecto y su dueña confirman que a la renovación siempre hay que verla con gratitud para compartir esas imágenes con el mundo.

Fotografía: Jaime Navarro

EL HOGAR COMO AUTO- BIOGRAFÍA

FRANCESCA SERRAZANETTI

Al concluir este viaje por los interiores diseñados por Sofía Aspe, nuestra mirada parece tener una mayor amplitud. Si cada persona proyecta en su casa sus propios sueños y prioridades, Sofía parece ser capaz de dar sentido y cuerpo a cada aspiración de forma sorprendente e inesperada: por eso sus diseños son tan diferentes entre sí, porque ella rechaza la noción de un concepto único de espacio doméstico, y en su lugar, acoge los deseos y la vida cotidiana de las personas, honrando su identidad y su diferencia.

El ligero crujir de la madera y la suavidad de los cojines, el perfume de las plantas, el olor dulce del tazón de fruta fresca, el aroma del café dibujando espirales...

Las imágenes de las casas diseñadas por Sofía Aspe cobran vida a través de las páginas de este libro, y más allá de lo meramente visual, descubren uno de los secretos más importantes del interiorismo: los hogares hablan por sí mismos. O mejor dicho, hay diseñadores que saben cómo darles una voz propia.

Así como una autora da vida a sus protagonistas reconfigurando lo que vivieron, las historias que escucharon o que soñaron, basándose en otras historias y recuerdos de su propio pasado, Sofía Aspe parece tener el don de interpretar la vida y el espacio de quienes lo habitan.

"Lo que es bello es cierto; lo que es cierto debe ser bello," afirma Owen Jones en su libro *La Gramática del Ornamento* (1856), un lema que ofrece una conclusión final apropiada para este libro. Y aunque la Inglaterra del siglo XIX pueda parecer una referencia lejana para la obra de Sofía Aspe, comparte con Jones el enfoque decorativista de mezclar diferentes culturas con la geometría como mínimo denominador común, junto con la exploración del color, la pasión por los textiles y las alfombras, y un sentido exquisito por lo bien hecho. Otras afinidades que subyacen claramente en la obra de esta mujer emprendedora y curiosa, criada entre Oaxaca y la Ciudad de México, son el modernismo floral del Art Nouveau, la perfecta abstracción geométrica decorativa de Charles Rennie Mackintosh, y la auténtica creatividad de diseño del movimiento de Artes y Oficios. Estas fuentes son al menos una parte de lo que la inspira, y como una narradora muy capaz, las escribe y reescribe con su propia voz, consciente o subconscientemente. Una profunda sensibilidad, una curiosidad insaciable, una mirada atenta que explora y escucha, y no menos importante, una creatividad totalmente femenina nutren su imaginación. Estos atributos fueron los que, después de estudiar administración de empresas y de obtener un título en artes culinarias, la impulsaron a abrir su propio estudio de diseño de interiores.

La profesión de Sofía implica un ejercicio de libertad creativa para definir el camino propio, para captar lo inesperado, para dar voz al gusto y a las pasiones, y para hacer que los opuestos coexistan en una interacción continua de contrapunto visual.

Y son precisamente estos contrapuntos los que rigen las historias que relatan los espacios diseñados por su estudio, en donde la innovación es sinónimo de polinización cruzada y mezcla estilística.

Como sucede con todas las historias originales y auténticas, los interiores de Sofía Aspe contienen múltiples capas de significados y comunican reminiscencias y peculiaridades en las que las contradicciones controladas se convierten en una fuerza, que es el secreto de la armonía. Este libro ofrece al lector la oportunidad de explorar elementos de diseño contemporáneo, desde las lámparas trepadoras de los hermanos Bouroullec a la irónica "silla conejo" de Stefano Giovannoni, que conversan amistosamente con muebles sencillos y sobrios, con motivos decorativos y artesanías, con antigüedades y recuerdos de viaje, con tapices florales y patrones geométricos, con madera y mármol, con espejos y artículos en yute, con vigas expuestas y revestimientos, y con obras de arte de las más diversas épocas y culturas, que van desde las más expresionistas e hipertróficas a las más neutrales y minimalistas.

La riqueza de colores y materiales recuerda al Memphis Milano, un movimiento de diseñadores que Ettore Sottsass describía en 1981 como "un intento de proponer una nueva intensidad, comunicar más emociones, transmitir más información, utilizar más aromas, y añadir más sabor a un diseño que había empezado a sentirse demasiado acartonado".

En este espacio de libertad, sin embargo, es esencial establecer reglas e identificar directrices, como por ejemplo, esos principios fundamentales que proporcionan a una casa la sencilla autenticidad del bienestar, la hospitalidad, la convivencia y la armonía. Los colores brillantes, la importancia de la luz, el resplandor de una vela o una chimenea, los libros que animan estantes y mesas, los cojines que adornan los sofás, las alfombras y cortinas expresando calidez, la precisión tranquilizadora de las habitaciones ordenadas. La armonía del eclecticismo se encuentra al fomentar los contrastes de una manera disciplinada, en la compenetración creada entre los colores llamativos y los neutros, en el contrapeso entre elementos cálidos y fríos, en la presencia de pocos pero significativos objetos, y en el control de un número definido de estilos.

Más allá de la vitalidad equilibrada de los espacios que crea, existe un sustrato oculto en el trabajo de Sofía Aspe: los procesos que se desarrollan en su estudio con un equipo exclusivamente de mujeres. Su diseño prospera con el intercambio diario, con sus clientes y con sus compañeras de trabajo. Por un lado se pueden sentir los deseos, gustos, ambiciones y recuerdos personales, pero por otro hay que maravillarse con la capacidad de manejar los materiales y la habilidad técnica.

La muy personal sensibilidad de Sofía Aspe se nutre de una perspectiva internacional y está abierta a la novedad, pero al mismo tiempo los rasgos de su propia cultura mexicana son reconocibles en todas partes, aunque reinventados, con un estilo fuera de lo común. Por esta razón, las imágenes a lo largo de este libro parecen dar continuos saltos de escala, como si estuviéramos viendo el mundo desde un dron que se acerca y se aleja repetidamente de la superficie de la Tierra.

Los contextos en los que opera el estudio son de lo más diversos: desde el caos de la Ciudad de México hasta la tranquilidad rural de Valle de Bravo, a dos horas de la capital; desde Austin y Miami en los Estados Unidos, a Madrid en Europa. En cada caso, el salto en escala desde dentro hacia fuera siempre es subversivo.

Uno siente el impulso de alejarse del bullicio de las ciudades para encontrar oasis de calma en los interiores, para absorber la luz y la atmósfera de los espacios de transición, para iluminar las superficies con notas brillantes de color y dejar que la naturaleza penetre en los espacios domésticos. Por esto mismo, el arte del paisajismo juega un papel dominante, como se ve en los motivos florales de las decoraciones, ya sea celebrando la espontaneidad típica del mundo vegetal, o físicamente presente en la materialidad de flores y plantas que aportan oxígeno, aromas y colores.

La filosofía de trabajo de Sofía Aspe es integral: sus intervenciones tienen como objetivo transformar los lugares que habitamos de la mejor manera posible—espacios donde pasamos tres cuartas partes de nuestras vidas. Trabaja sin inhibiciones, sin ideas preestablecidas, rompiendo con los criterios convencionales de belleza para infundir a los espacios con los recuerdos y pasiones de los que los habitan. Por eso cada proyecto es tan diferente: cada uno es ante todo la expresión de aquellos que viven allí.

ARTISTAS
Y OBRAS

Sol LeWitt: *Wall Drawing #1267: Scribbles*, 2010, grafito © Sol LeWitt, SIAE 2021, Cortesía Colección Morra Greco, Nápoles, *p. 4*

Massimo Listri: *Castello di Rivoli II*, 2007, impresión cromogénica sobre aluminio, 225 x 180 cm, edición de cinco © Cortesía del artista, *pp. 242-243, 246*

Antonio Lozano: *Espiral*, 2015, fotografía, *p. 265* (arriba, izquierda)

Maggie Macedo: *Pink Silk*, *p. 146*

Jonathan Meese: *Don Ciclops geheimwaffe: steinkende Schnabelwesen Aus Dawson "old"!*, 2018, óleo y acrílico sobre tela © Jonathan Meese, SIAE 2021, *pp. 46-47, 52*

Jorge Méndez Blake: *Lenguaje desmantelado I*, 2017, acrílico sobre lino, 260 x 200 cm © Cortesía del artista, *p. 69*

Carlos Mérida: *El dios del fuego*, lápiz y grafito sobre papel, *p. 149*

Asunción Molinos Gordo: *Buy the Rumor, Sell the News*, 2017, luz de neón © Cortesía de la artista y galería Travesía Cuatro, *p. 260*

Santiago Montoya: *Lucky (IV)*, 2015, acrílico sobre papel moneda montado en aluminio, *p. 420*

Robert Motherwell: *Art Bulletin Collage with Cross*, 1968 e *In Green with Ultramarine and Ochre*, 1967, serigrafía sobre aluminio y plexiglás © Fundación Dedalus, Inc., SIAE 2021, *pp. 22, 282*

Iván Ignacio Navarro: *El rayo verde*, 2018, luz fluorescente verde, espejo, espejo unidireccional, aluminio, madera y corriente eléctrica, 218 x 100.3 cm © Iván Ignacio Navarro, SIAE 2021, *pp. 284, 288*

Michele Oka Doner: *Coffee Table 'Radiant'* 1995, 2015, bronce y pátina de cloruro férrico, 40 x 193 cm, Galería David Gill, Serie limitada de 12 + 2P + 2AP © Michele Oka Doner, SIAE 2021, *pp. 298-299*

Julian Opie: *Bobby y Megan.2*, 2016, serigrafía sobre madera pintada, 104.6 x 63 cm © SIAE, *p. 403*

Edgar Orlaineta: *Patrono*, 2020, madera (nogal americano, álamo, palo de rosa, nogal sudamericano, haya, cedro, okumé y roble), fotografía vintage, pintura acrílica y libro vintage, 99.7 x 100.5 x 17 cm; 37.4 x 9 x 8 cm, *pp. 253, 259*; *Okame (after Isamu Noguchi)*, 2019, madera y pintura acrílica sobre MDF, 100.7 x 100.7 x 23.5 cm, *p. 349* © Cortesía Edgar Orlaineta y colección privada Proyectos Monclova

Gabriel Orozco: *Atomists: Evasive Action*, 1996, impresión generada por computadora, 199.7 x 95.3 cm © Cortesía del artista y Marian Goodman Gallery, *pp. 298, 301*

Adán Paredes: *Rapsoda I*, cerámica © Cortesía del artista, *pp. 150-151*

Pedro Paricio: *In the Big Golden Maze*, 2015, acrílico sobre lino, *p. 420*

Sharon Fernández Pearson: *Benessere en rojo (Naoshima, Japón)*, 2007, impresión digital y emulsión acrílica, *p. 40*

Carlos Pellicer: *Acarde Nocturno*, óleo sobre tela © Cortesía del artista, *pp. 130, 133, 134-135*

Eric Pérez: *Islote*, 2017, óleo sobre tela, 140 x 240 cm © Cortesía del artista, *p. 159*

Pablo Picasso: *Portrait of Jacqueline Full Face II*, 1962, linograbado, 64.1 x 52.7 cm, Publicado por Galerie Louise Leiris, París © Sucesores de Picasso, SIAE 2021, *p. 418*

Bernard Piffaretti: *Sin título*, 2020, acrílico sobre tela, 80 x 80 cm © Bernard Piffaretti, SIAE 2021, Cortesía del artista y galería Frank Elbaz, *p. 263*

Michelangelo Pistoletto: *Lampada 1962*, 2008, serigrafía sobre acero inoxidable pulido, 225 x 122 cm © Cortesía del artista, *p. 296*

Cecile Plaisance: *LA Girl & Ray Ban*, de la serie *Bubble Gum*, 2020, superposición de dos fotografías impresas en lámina lenticular (holograma) © Cecile Plaisance, www.cecilepalisance.com, *p. 422*

Beatriz Posada: *Okawango*, fotografía, *p. 152*; *Raíces 2, Raíces 3*, fotografía, *pp. 154, 163*; *Agave Blu*, fotografía, *p. 166*; *Raíces 5* (abajo), *Vietnam Roots*, fotografía (arriba, izquierda), *p. 171* © Cortesía de la artista

Richard Prince: *Nobody Home*, 2005, collage y acrílico sobre tela © Cortesía del artista, *p. 294*

Manel Pujol Baladas: *Claro de Luna*, de la serie *Claude Debussy*, 2008, técnica mixta y óleo sobre tela, 90 x 130 cm © Cortesía del artista, *p. 121*

Luisa Restrepo: *Proportion of Excess III*, 2019, vidrio termoformado plateado, 43 x 200 x 20 cm © Cortesía de la artista, *p. 228*

Pedro Reyes: *Tótem*, 2016, escultura de piedra volcánica, *p. 35*; *Emblem*, 2017, cartón, 0.3 cm, *pp. 234-235, 245*; *Busto SA*, barniz en piedra, *p. 407*; *Busto de SA*, escultura, en inserto "Recreación", *p. 3* (abajo, izquierda) © Cortesía del artista

Armando Romero: *Semblanza*, óleo sobre tela, *pp. 79, 162-163*; *El milagro de la austeridad a la fiesta*, grabado, *pp. 399, 400* © Cortesía del artista

Ugo Rondinone: *The Hopeful*, 2013, piedra azul, acero inoxidable y hormigón, 244 x 82 x 82 cm © Cortesía del artista, *p. 2*

Marco Rountree: *Sin título*, 2016, acrílico sobre cartón © Cortesía del artista, *p. 80*

Michael Sailstorfer: *M.74*, 2018, aluminio y pintura, 107 x 99.5 x 29 cm © Cortesía del artista, *pp. 54, 56*

Álvaro Santiago: *Febrero*, aguafuerte y aguatinta, edición 17/50, *pp. 220-221*

Pedro Saviñón: *Retrospectiva*, cerámica © Cortesía del artista, *p. 81*

Emanuel Seitz: *Sin título*, 2019, acrílico sobre tela, 192 x 280 cm © Cortesía del artista, *pp. 254-261*

Richard Serra: *Bight 3*, grabado © Richard Serra, SIAE 2021, *p. 239*

Julius Shulman: *Job 2980: Case Study House # 22 (Los Angeles, California)*, 1960, 1960, fotografía © J. Paul Getty Trust. Getty Research Institute, Los Ángeles (2004.R.10), *p. 303*

Naomi Siegmann: *M-15 Jiuge Mitico*, 1995, escultura © Naomi Siegmann, SIAE 2021, *p. 260*

Daniel Silver: *Maniquí sin título*, 2015, escultura de mármol blanco de Carrara © Silver, SIAE 2021, *p. 12*

David Alfaro Siqueiros: *Nuestra imagen actual*, 1947, laca a la piroxilina sobre fibra de vidrio, 223 x 175 cm, en inserto "Recreación", *p. 2* (abajo, derecha)

Bosco Sodi: *Sin título*, 2012, técnica mixta © Bosco Sodi, SIAE 2021, *p. 28*

Arantxa Solís: *Nube*, 2020, óleo sobre tela, *pp. 383, 387*

Jesús Soto: desde la izquierda: *Ovalo en el rojo 1979*, de la serie Síntesis, 1979; *Espiral doble 1955*, de la serie Síntesis, 1979; *Cuadrados vibrantes 1979*, de la serie Síntesis, 1979, plexiglás y metal, *pp. 432-433, 434* © Jesús Soto, SIAE 2021

Damián Suárez: *The Look of Human*, hilo sobre madera, 190 x 190 cm © Cortesía del artista, *p. 75*

Rufino Tamayo: *Perro aullando a la luna*, *p. 148*; *Caballo sin título*, escultura, *p. 310* © Rufino Tamayo, SIAE 2021

Eduardo Terrazas: *1.1.58*, de la serie *Possibilities of a Stucture-Subseries Cosmos*, 2013, hilo de lana sobre tablero de madera cubierto con cera de Campeche, 120 x 120 x 4.5 cm, *pp. 235, 244*; *1.1.316*, de la serie *Possibilities of a Structure*, 2018, hilo de lana sobre tablero de madera cubierto con cera de Campeche, 90 x 90 x 3.5 cm, *p. 349*; *0.6.1979*, de la serie *Cero*, 2016, pintura acrílica con barniz mate sobre lino con yeso, 120 x 120 x 4 cm, *p. 397* © Cortesía del artista

Francisco Toledo: *Sin título*, óleo sobre tela © Francisco Toledo, SIAE 2021, *p. 307*

Troika: *Compression Loss (Venus)*, 2017, pedestal de Jesmonite y hormigón, 165 x 50 x 50 cm, edición de tres, *pp. 339, 364*; *Compression Loss (Hebe)*, 2017, Jesmonite, 88 x 30 x 30 cm, edición de tres, *p. 405* © Cortesía del artista

Manolo Valdés: *Pamela III e Pamela I*, aguafuerte y collage, *pp. 124, 128-129*; *Dorothy I*, óleo, pigmentos y tela de saco sobre tela, edición de 50, firmado y numerado, *pp. 418-419, 424, 427*; *Helechos IV*, 2012, bronce, edición de nueve, *p. 429* © Manolo Valdés, SIAE 2021

Nick Veasey: *Tulip Dress*, 2017, radiografía sobre seda, 118.9 x 168.2 cm, edición de nueve; 84.1 x 118.9 cm, edición de 25, (Vestido: Cristóbal Balenciaga, 1965, de la colección del Victoria & Albert Museum) © Cortesía Nick Veasey, *p. 435*

José María Velasco: *Paisaje con árboles*, 1904, óleo sobre tela, *p. 310*

Andy Warhol: *I Love Your Kiss Forever Forever*, serigrafía sobre vitela, *pp. 31-32*; *Blue/Green Marilyn*, de la serie *Reversal Series*, c. 1979-1986, polímero sintético y tinta de serigrafía sobre tela, 46 x 35.5 cm, *p. 299* © Fundación Andy Warhol para las Artes Visuales Inc., SIAE 2021

Jorge Wellesley: *Sobras de arte I*, 2012, óleo sobre tela, 134.6 x 200.7 cm, *pp. 118, 120*

Stanley Whitney: *Outside In*, 2014, óleo sobre lino, 153 x 153 cm, firmado y fechado por detrás © Cortesía del artista, *pp. 392, 407*

Jorge Yázpik: *Ajedrez*, escultura, *pp. 9, 57*; *Sin título*, escultura, *p. 410* © Cortesía del artista

Russell Young: *Brigitte Bardot-Femme Fatale (Portafolio)*, juego de cuatro, serigrafía en papel © Cortesía del artista, *p. 439*

Otto Zitko: *Sin título*, 2013, laca sobre aluminio © Otto Zitko, SIAE, *pp. 390-391, 395*

Allison Zuckerman: *Queen for a Day*, 2019-2020, acrílico y CMYK de archivo sobre tela © Cortesía de la artista, *p. 413*

GRACIAS, GRACIAS, GRACIAS...

SOFÍA ASPE

Gracias a mis padres por la fuerza vital que me regalaron con su ejemplo; a Miguel Ángel por acompañarme en el camino; a mi equipo de colaboradoras: Anel Barrientos, Paola Bocanegra, Melissa Borja, Karen Espinosa, Ana Belén Fernández, Mariana de la Garza, Brenda Jasso, Alejandra de la Macorra, Regina Segura, Jackie Sesin, Carolina Velázquez y Tania Zarkin porque las palabras equipo y colaboración tienen sentido gracias a ustedes; a los proveedores por la primerísima calidad de su mano de obra; a los fotógrafos: Alfonso de Béjar, César Béjar, Ana Hop, José Margaleff, Jaime Navarro y Héctor Velasco por hacer visible mi trabajo; a Max Carballo por aportar el mejor encuadre; a Edmée Pardo por ayudarme a poner orden en las palabras; a Daniela Rocha por ser el pilar de este libro; a las editoras de Rizzoli porque gracias a ellas mis proyectos salen a pasear por el mundo.

Sobre todo, infinitas gracias a mis clientes. De cada uno aprendo su manera única de disfrutar y estar en la vida. Sin su confianza no existiría este libro ni ninguno de los proyectos que he realizado.

COORDINACIÓN GENERAL
Sofía Aspe

CONCEPTO GRÁFICO Y DISEÑO
Daniela Rocha

FOTOGRAFÍA
Mariana Achach: inserto *Sensación,* p. IV, inserto
  Recreación, p. III arriba, derecha
César Béjar: portada, pp. 1, 7, 12, 22, 234–251, 282–303,
  306–321, 360–389, retrato en p. 417
Alfonso de Béjar: pp. 3, 4, 14, 21, 62–83, 142–153, 154
  arriba–173, 200–207, 210–219
Ana Hop: contraportada, p. 18
José Margaleff: pp. 9, 46–61, 84–97, 114–123, 220
  arriba–233, 322–337, 338–359, 390–414
Jaime Navarro: pp. 10, 98–111, 124–141, 174–185, 186–
  199, 252–269, 270–281, 418–440
Fernanda Orvañanos: inserto *Iniciación*, p. I
Héctor Velasco: pp. 26–45, 114–123

RETOQUE FOTOGRÁFICO
Max Carballo Guzmán

Cubierta: Proyecto Torre del Parque, fotografía de César Béjar
Contra cubierta y p.18: Sofía Aspe por Ana Hop

© 2021, Sofía Aspe
© Fotografías, de los fotógrafos

© 2021 Mondadori Libri S.p.A.
Distribuido en inglés en todo el mundo
por Rizzoli International Publications Inc.
300 Park Avenue South
New York, NY 10010, USA
ISBN: 978-8-8918-3095-1
2021 2022 2023 2024 / 10 9 8 7 6 5 4 3 2 1
Primera edición: Septiembre 2021

Este libro se imprimió en L.E.G.O. S.p.A., Vicenza.
Impreso en Italia

Visítenos en:
Facebook.com/RizzoliNewYork
Twitter: @Rizzoli_Books
Instagram.com/RizzoliBooks
Pinterest.com/RizzoliBooks
Youtube.com/user/RizzoliNY
Issuu.com/Rizzoli